최 • 성 • 숙 • 수 • 필 • 집

볼가강에
음악이 흐르면

창조문예사

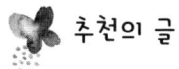 추천의 글

문학과 선교의 강을 따라서

최 세 균
(시인, 상록수문학 발행인)

나는 망설임 없이 이 책을 추천한다. 이 책 《볼가강에 음악이 흐르면》을 읽으면 마음속에 숨어 있던 정서와 신앙이 하나씩 살아나서 자신도 모르는 사이에 아름다운 마음의 시정詩情이 솟구치고, 하나님을 사랑하고픈 마음의 마음이 더해진다. 뿐만 아니라 나도 무언가 아름다운 세상과 하나님의 나라를 위하여 일어서고픈 열정이 생긴다. 그것은 이 책의 저자가 그렇게 산 시인이요 선교사였기 때문일 것이다. 그리고 그것을 가장 적절한 말로 표현할 수 있는 능력을 소유했기 때문이기도 할 것이다.

이 책의 저자 최성숙 선교사는 시인으로 등단한 후 러시아로 달려갔다. 그리고 그곳에서 만나는 수많은 풍경들을 글로 썼다. 만나지는 것만으로도 차고 넘쳤겠지만 더 좋은 만남을 위하여 미지의 처소들을 찾아나서는 일에도 부지런하였고 마침내 이렇게 주옥같은 이야기들을 독자들과 나눌 수 있게 되었다. 그가 찾아간 닥터 지바고의 산실을 비롯하여 톨스토이 생가 등 문학의 유적지는 물론 음악, 미술과 관련된 모든 곳은 이제 독자들의 것이 되었다. 그래서 이 책은 러시아 문화를 섭렵하는데 그지없이 좋은 참고서 역할을 할 수 있다.

저자는 이 모든 이야기들을 시인의 감성과 선교사의 믿음으로 보았고 또 썼다. 그래서 그의 글들은 하나같이 서정성이 넘치고 우리의 마음을 흔들 만한 신앙적 느낌을 준다.

눈 내리는 겨울에 자주 듣던 차이콥스키와 라흐마니노프의 교향곡과 피아노 협주곡 속에서 러시아의 대륙 기질과 역동성, 저력, 모든 것을 가능케 하는 서정성을 들으며 저자가 느꼈던 러시아인들의 숙명적 기질을 독자들도 그대로 느끼며 헤아릴 수 있을 것이다. 그리고 차이콥스키의 음악을 들으

면서 톨스토이처럼 눈물을 흘릴 수도 있을 것이다.

　볼가강의 겨울은 얼마나 추웠을까? 그런데 그 모든 것은 저자의 글 속에서 음악으로 흘렀고 한결같이 따뜻한 것들로 승화되었다. 러시아의 겨울 같은 현실을 살며 우리들은 막연하지만 이런 따뜻함을 꿈꾸곤 한다. 이 책을 읽는 모든 이들에게 그 작은 행복이 임하기를 기원하며 최성숙 시인 선교사님의 저서 출판을 축하하고 또 적극 추천하는 바이다.

2017년 6월
상록수문학관에서

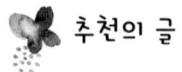 추천의 글

진심이 주는 감동

유 관 지
(월간 웹진 〈중국을 주께로〉 발행인)

글의 생명은 진실성에 있다. 시를 두고 '사무사'思無邪: 거짓됨 없이 바르다라고 한 유명한 말이 있는데, 이는 시만 아니고 모든 글에 다 해당하는 말이라고 할 수 있다.

호정湖亭 최성숙 님의 수필집 《볼가강에 음악이 흐르면》은 바로 이 점에서 귀하고 높은 가치를 지니고 있다. 글 전편에 진실성과 성실성, 순수함이 넘쳐 흐른다. 그 중 여러 편은 아예 '진실함의 덩어리'라고 해도 좋을 정도이다. 자연히 깊은 감동을 받지 않을 수가 없다.

선교사의 아내로서 선교 현장에서 평생을 살아오고 있기 때문에 선교와 관련된 이야기가 많고, 특히 지금 사역하고 있는 모스크바 이야기가 여러 편 들어 있다. 필자가 목회를 하고 있을 때, 담임하고 있는 교회에서 러시아 남부 지역에 여

러 개의 교회를 세웠기 때문에 일 년에 한두 차례씩 모스크바를 경유해서 현지를 방문했는데, 모스크바는 분위기나 안전, 여러 면에서 부담이 적지 않은 곳이었다. 그런 곳에서 장기간 충성스럽게 교회를 섬기는 것을 보면서 감탄하였는데, 이 책을 읽으면서 막연한 감탄이 구체적 감동으로 변하면서 가슴을 꽉 채우는 것을 체험했다. 또 사소한 일이나 하찮아 보이는 사물, 자연환경에서도 교훈을 찾아내는 것을 보면서 그 섬세함에도 경탄하였다.

호정은 자기가 선교사의 삶을 사는 것에 있어서, 모교인 거창고등학교의 전영창全永昌 교장이 많은 영향을 미쳤음을 밝히고 있다. 전영창 교장은 필자도 깊이 존경하고 있는 분이다. 최근에 어느 선교 단체로부터 종교개혁 500주년을 기념하여 '한국의 개혁자 7인'을 선정하여 글을 써 달라는 부탁을 받았는데, 거기에 전영창 교장을 넣고 싶었으나 교파와 직분 안배 등 여러 문제 때문에 그렇게 하지 못해 아쉬웠던 일이 있었다. 전영창 교장도 하늘나라에서 이 책을 읽으며 기뻐할 줄로 믿는다.

호정이 선교사의 삶을 사는 것에는 호정의 가정 배경도 많은 영향을 미친 것을 잘 알고 있다. 선친은 거창교회의 장로이셨고, 총신대학에서 조직신학을 가르치다 정년 은퇴한 최홍석 목사가 그의 오빠이다. 그리고 조카 중 한 사람은 평신도 전문인 선교사로서, 이슬람 지역에서 아주 모범적인 사역을 하고 있다.

글에서 밝히고 있는 것처럼 호정은 미술에 뛰어난 재능을 가지고 있고, 문재文才도 대단해서 시인으로도 등단했다. 부군인 이헌철 목사는 호정의 거창고등학교 2년 선배인데 고교 재학 시절, 합창반 리더였다. 재능 많은 부부가 오랫동안 무

신론의 심장과 같은 지역에서 재능과 모든 것을 선교에 헌신하고 있는 것을 참 귀하게 여기고 있는 차에 이 책이 출간되어 그런 마음이 더욱 배가 되었다.

호정은 필자의 처제이다. 딸 많은 집안의 막내였기 때문에 언제나 어리게 여겨 왔는데, 글을 읽으며 헤아려 보니 그도 이제 이순耳順의 나이이다. 이 책 발간이 그의 환갑을 기념하는 의미 있는 일이라고 생각하며 기쁜 마음으로 추천의 글을 적는다.

2017년 6월
돌북골에서

 머리말

　빛이 그림을 그리듯 녹음이 짙게 깔린 2001년 여름, 17년 간의 인도네시아 선교 사역을 마무리하고 고국에 돌아온 나는 신달자 시인의 새 수필집이 나왔다는 신문기사와 사진을 접하고 많이 놀랐다. 신달자 시인은 고향인 경남 거창 하동下洞, 우리 집 건너편에 살던 친구의 언니였기 때문이었다.
　화해와 치유의 시인으로, 또 수필과 소설도 발표하며, 국내의 대표 여류 문인으로 활동하고 있는 신 시인의 사진을 보면서, 그분이 고향 거창을 빛내고 있다는 사실이 자랑스럽고 감사하기도 하며 부럽기도 하였다.
　물이 맑고 산천이 수려한 거창은 신달자 시인 외에도, 이기철, 신중신, 윤춘식 등 여러 시인과 표성흠 작가를 비롯하여 많은 문인을 배출한 곳이라는 사실을 생각하며 고향에 대한 자부심이 새롭게 생겼다.
　나는 미술을 전공했지만 글에도 많은 관심이 있어서 2007년에 〈상록수문학〉 시 부문의 신인상을 받는 영광을 누렸다. 그때 기회가 있으면 시집과 수필집을 내겠다는 꿈을 품게 되었는데, 신인상 수상 10년이 되는 올해가 되어서야 그 꿈을 이루게 되었다.
　이 책에 실린 수필들은 몇 편을 제외하고는 대부분 2011

년부터 2015년 2월까지 고신출판사에서 발행하는 월간지 〈생명나무〉에 실었던 글이다. 30년 넘게 선교사로 살아오고 있기 때문에 선교와 관련된 내용이 많다. 글을 실을 수 있도록 지면을 제공해 주셨던 고신출판사에 감사를 드린다.

부족하고 연약한, 연한 순 같은 수필집을 내면서, 졸시拙詩 〈산〉이 다시 머리에 떠오른다.

>산
>
>......
>
>산은 고대의 햇살과 중세의 바람이
>씨름하는 곳
>간혹 헛딛기도 하는,
>기사의 칼날 같은 발자국 딛고서
>
>나는
>나무가 되고
>맑은 물이 되고
>견고한 바위가 된다.

본 수필집에 실린 수필 중 한 편의 제목을 따서 책 제목을 《볼가강에 음악이 흐르면》이라고 했다. 러시아에서는 볼가강을 '어머니 강'이라고 부르는데 "볼가강에 음악이 흐르면 겨울에도 꽃이 핀다"라는 말이 있다.

볼가강은 유럽에서 가장 길고 수량이 가장 많이 흐르는 강으로, 모스크바 북서쪽에서 시작하여 카스피 해로 빠진다. 볼가강은 러시아를 상징할 만큼 러시아 문화와 직결되어 있어 러시아 문호와 음악가의 작품에 '어머니 강'이라는 표현이 자주 쓰이는 것을 볼 수 있다. 이 말은 어려운 환경 가운데에서도 낙천적으로 살려고 힘쓰는 러시아 사람들의 심성을 잘 알려준다.

어려운 일들이 많은 러시아 선교사 생활이지만, 웃는 얼굴로 감당하려는 마음을 담기에 적합하다고 여겨져서 이 말을 빌려 왔다.

이 수필집의 1부는 일상의 잔잔한 이야기를 곰삭이듯 마음밭에 삭이며 익혀온 하루하루의 삶에서 여과된 마음의 고백들을, 2부는 영혼의 울림이 있고 마음을 따뜻하게 하는 이야기들을, 3부는 복음의 불모지인 선교지에서 사람들과 부대끼며 살아온 삶의 흔적을 담은 간증이라고 할 수 있는 글들이며, 4부는 선교사로 일했던 인도네시아와 지금 일하고 있는 러시아의 자연을 노래한 시들을 모았다.

　수필집을 내기 위해 글을 정리하면서 때로는 갈 길을 알지 못해 멈춰서기도 했고, 어둔 터널 속에 들어서 있는 것 같은 때도 있었다. 그럴 때마다 격려하고, 불을 켜서 안내해 준 손길들이 있었다. 그분들께 깊은 감사를 드린다.

　1970년대 초반에 모교인 거창고등학교 국어 교사였던 유관지 박사님수필가이 그 중 한 분이다. 형부인 유 박사님은 글을 잘 다듬을 수 있도록 조목조목 세밀하고 자상하게 일러주셨다.

　〈상록수 문학〉지에 시를 실을 수 있도록 독려해 주시고, 때때로 날카로운 지적으로 자신을 돌아볼 수 있도록 도와주신 윤춘식 선교사님께 또한 감사를 드리며, 〈상록수 문학〉 발행인 최세균 목사님께도 감사를 드리고 싶다.

　부족한 수필이 나오기까지 옆에서 격려하고 도와준 남편의 극진한 배려에 깊은 감사를 드리며, 기도로 지원해 주신 많은 지인과 친구들에게도 감사를 표하고 싶다. 모든 영광을 주님께 올려 드린다.

2017년 6월

최성숙

차례

- 추천의 글　　문학과 선교의 강을 따라서_ 최세균(시인)　… 3
　　　　　　　진심이 주는 감동_ 유관지(수필가)　　… 6
- 머리말　　　　　　　　　　　　　　　　　　　… 10

1부_ 꽃과 함께 식사

하얀 도화지 … 20
「닥터 지바고」의 산실을 찾다 … 23
톨스토이 생가를 다녀와서 … 27
천국을 훔친 화가들 … 31
빈 둥지 … 35
빈자리를 채워 주소서 … 38
체림샤 … 41
볼가강에 음악이 흐르면 … 45
책갈피 … 48
꽃과 함께 식사 … 50
다차 … 53
세 개의 십자가 … 56
러시아는 변하고 있다 … 59
꽃 도둑 … 62
마음의 일광욕 … 64
바자회 … 67
에베레스트 … 70

2부_ 빛이 그림을 그리고 갔다

사랑의 말 … 76
화려하지 않은 행복 … 79
거룩한 헤어짐 … 83
사모님은 무엇 하는 사람이에요? … 86
우리의 동포 고려인 … 89
복 터진 날 … 92
빛이 그림을 그리고 갔다 … 95
훔쳐본 아버지의 마음 … 99
고향 잃은 사람들 … 102
공명 효과 … 107
Simple is the Best … 111
거인 위에 앉은 난쟁이 … 114
말없이 사랑하여라 … 117
너만의 명작을 그려라 … 121
무릎 꿇은 나무 … 124

3부_ 식탁 부흥회

이모작 … 128
조각 이불 … 131
거꾸로 사는 삶 … 134
나의 십자가 … 138
동네북 … 142
사순절 … 145
광야학교 … 148
식탁 부흥회 … 151
꿈꾸는 계절 … 154
빚진 삶(1) … 157
벧엘로 올라가자 … 160
하나님의 위로 … 163
첫사랑 … 168
묵은 땅 … 172
내면의 힘을 해빙하라 … 175
빚진 삶(2) … 179

4부_ 겨울 판화

가을 아침 … 184

어머니 … 186

겨울 판화 … 188

온도 … 190

둥근 우체통 … 192

아기의 눈 … 193

가을 기도 … 194

따뜻한 포옹 … 196

한마디 고백 … 197

진주 목걸이 … 198

● 해설 캔버스에 담은 천국의 노래
  _ 윤춘식(문학평론가) … 200

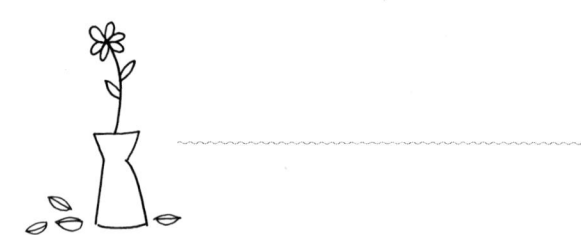

1부

꽃과 함께 식사

하얀 도화지

　송구영신 예배를 마친 새벽녘, 공원으로 향했다. 새해를 시작하면서 눈길을 걷고 싶었다. 영하 15도의 날씨인데도 평소와는 다르게 많은 사람들이 새벽길을 걸으며 들뜬 마음으로 새해를 맞이한다. 가족끼리 연인끼리 사랑을 속삭이며 새벽길을 걷는 모습이 보기에 참 좋다.

　젊은이들은 폭죽을 쏘아 올리며 웃고 떠들면서, 폭죽처럼 화려하고 찬란한 새해가 되기를 기원한다. 러시아는 새해를 휴가로 시작하는데, 보통 1월 10일까지는 달력에 공식적으로 공휴일로 표시되어 있다. 러시아 정교회는 성탄절도 다른 많은 나라들과는 달리 1월 7일이다. 새해를 먼저 맞고, 크리스마스를 맞는 셈이다. 전 세계인이 공통으로 사용하는 그레고리 달력이 아닌 율리우스 달력을 사용하기 때문이다.

　이들이 휴가와 축제로 한 해를 시작할 때, 나는 묵상으로 조용히 한 해를 연다. 속도가 경쟁력이 되고 힘이 되는 이 시대를 역행하는 것 같지만, 속도보다는 바른 방향을 잡으며 살아가고 싶어서이다. 또 "기본으로 돌아가자. 첫사랑을 회복하자. 말씀을 사랑하자"는 각오를 새롭게 하기 위해서이기도 하다.

어린 시절, 미술대회에 자주 참가했다. 흰 도화지에 무엇을 어떻게 그릴 것인지 구상하고 생각하는 경험을 많이 했다. 그래서인지 흰 도화지를 받으면 무엇을 그릴 것인가에 대한 두려움은 별로 없다. 하지만 무엇을 어떻게 그려내는가 하는 것이 중요하다. 이것은 각자에게 주어진 숙제다.

올해도 하나님은 또 한 장의 하얀 도화지를 내게 주셨다. 그 위에 무엇을 그려야 할 것인가? 해 아래 새것이 없지만, 우리 앞에 놓인 새 달력과 새 수첩과 새 마음, 이 모든 것이 새것이다.

새해에는 속도에 치여 떠밀려 다니는 시간이 아니라, 가장 가치 있는 것이 무엇인지, 깊이 묵상하고 말씀 앞에 겸손하게 서는 시간이 절실하게 필요하다.

> 현란한 속도에 치여
> 비명만 지르다
> 하루 해 저무네.
>
> 쏟아지는 정보 홍수 속에
> 다이어트 하는 칩
> 거친 숨을 돌려 쉰다.

내가 너무 많아
내 속에 나는 무너지고
내가 나를 만나지 못하네.

바이러스처럼
새 정보가 몸을 비집고 들어와
첫사랑을 몰아낸다.

아직 송별식도 치르기 전
속도 속에 지워지네.
속도에 지배 당해
하루는 폐허가 되네.

- 졸시 〈하루의 바퀴〉

   오래 전에 쓴 〈하루의 바퀴〉를 읊조리며, 삶이 폐허가 되지 않기 위해 가장 가치 있는 일을 하얀 도화지에 그리고 싶다.

〈생명나무〉 2012년 1월호

〈닥터 지바고〉의 산실을 찾다

고대하고 기대하던 작가촌 나들이!

학창 시절 감명 있게 보았던 영화 〈닥터 지바고〉의 원작자인 파스테르나크의 집을 찾는 날이다. 하늘은 투정이라도 부리듯 찌뿌듯했다.

설레는 마음을 태운 차는 도시를 질주하여 한참을 달렸는가 싶더니, 도심에서 조금 벗어난 자작나무 숲 속의 좁은 길에 접어들었다. 숲길에 들어서자마자 짙은 풀내음과 함께 고즈넉한 풍광이 눈앞에 다가왔다. 아직 나뭇잎이 무성하지 않은 계절이지만, 질편한 습기로, 차분함과 함께 인적도 드물어 한적함까지 감돌았다.

도시 외곽에 많은 작가들이 집단을 이루고 살게 된 것은 스탈린 시절에 작가들이 함께 모여 살면 서로 좋은 생각도 나누고 생활에 유익하다고 판단하여 스탈린에게 요청했다고 한다. 스탈린은 이 요청을 받고, '옳거니! 이들을 한곳에 모아두면 통제하기가 쉽겠구나!'라고 생각하고 함께 살도록 허락해서, 1936년 국가에서 지정한 작가촌이 형성되었다고 했다. 서로의 생각이 이렇게 다를 수가!

　담을 경계로 다차주말 전원주택처럼 꾸며진 한유閑裕로운 작가촌!

　지붕 위에 물기 머금은 빛바랜 이끼가 세월의 흔적을 말해 주는 듯했다. 하지만 좀처럼 파스테르나크의 집을 찾을 수 없었다. 어느 대문 앞에 서 있는 러시아 여자에게 물었다. 손으로 큰길 쪽을 가리키며 그리로 다시 나가야 한다고 했다. 되돌아 큰길로 나오자마자 왼쪽 편 작은 골목 입구에 서 있는 아주 작은 나무 팻말에 '파스테르나크'라고 적혀 있었다. 우리를 맞이하는 듯 대문이 반쯤 열려 있었다.

　집 안으로 들어서자 먼 발치에 작가가 살던 집이 보였다. 집을 배경으로 사진을 몇 장 찍었다. 앞뜰에 채소밭을 가꿀 수 있을 만한 널찍한 텃밭이 있고 뒤쪽으로 자작나무가 집 주위를 감싸고 있었다. 2층으로 아담하게 지어진 나무집이다.

　이렇게 잘 보전된, 작가가 살던 집을 볼 수 있다니! 옛것을 소중하게 간직하는 러시아인의 마음을 읽을 수 있었다.

　안내인의 설명을 들으며 방 안으로 들어갔다. 1층 거실 양옆 벽에 펜과 연필과 먹으로 그린 그림이 잔뜩 걸려 있었다. 누구의 그림일까 궁금했는데, 화가인 아버지의 그림들로 전쟁통에 많이 불타고 유실되어서 아쉽다고 했다.

　가족들이 사용했던 집기들이 탁자 위에 소리를 죽이고 앉아 있었다. 그 당시 TV와 냉장고도 있었다니, 무척 부유한 집안이었음을 말해 주는 듯했다. 이곳에서 일요일에 작가들이 모여서 점심을 함께 먹고 이야기를 나누었다고 한다.

부유한 가문에서 자란 파스테르나크는 어린 시절부터 예술적 소질과 감각을 가진 부모에게 보고 듣고 배우며 영감을 받으며 자랐다고 한다. 파스테르나크는 이곳에서 39년을 살았는데, 여름철만 이곳에서 지내고 추운 겨울은 모스크바의 집에서 생활했다고 한다. 이 집은 사고팔 수는 없다고 했다.

2층으로 올라가니 피아니스트인 어머니가 치던 검은 그랜드 피아노가 있었다. 파스테르나크는 젊은 시절에 피아노를 배우기도 했는데 선생님이 소질이 없다고 해서 그만두었다고 한다. 그 당시 피아노를 치는 모습을 종이에 파스텔로 아버지가 그린 그림이 벽에 걸려 있었다.

그는 머리를 산만하게 하는 책들은 책장에서 다른 곳으로 옮겨 놓고, 꼭 필요한 책과 사전만 두고 〈닥터 지바고〉를 10년 동안 썼다고 하는데, 그 낡은 책상이 그대로 있었다.

책상 위에 있는 녹슬고 낡은 녹음기에서 파스테르나크의 목소리를 듣는 순간 영화 속의 두 장면이 아른거렸다. 세상은 온통 눈으로 뒤덮여 있는데 자신의 별장 울타리 밖에 늑대들이 찾아와 울부짖고, 지바고가 얼어붙은 잉크를 녹여 라라를 위한 시를 짓는 장면과 전차에서 내린 라라를 발견하고 부르려고 하나 소리가 나오지 않아 안타깝게 허공에 헛손질

하며 멀어져가는 라라를 황급히 뒤쫓아가다 길거리에서 쓰러지는 모습이다.

그는 〈닥터 지바고〉를 쓰고 1958년 노벨문학상을 받게 되었는데, 러시아 정부가 소설 속에 정부를 비판하는 내용이 있음을 알고 노벨문학상을 받고 추방당하든지 노벨문학상을 받지 않고 고국에서 살든지, 둘 중 하나를 선택하라고 했단다. 그는 후자를 선택하여 조용히 고국에서 살다가 세상을 떠났는데, 1989년에 큰아들이 노벨상을 대신 받았다고 전해지고 있다. 그가 이 집에서 노후를 보내다가 2층 방에서 숨을 거둔 침대도 그대로 있다.

나는 작가의 숨소리를 들으며, 창가에 서서 자작나무가 서 있고 눈이 내리는 풍경을 응시했다.

〈생명나무〉 2014년 6월호

톨스토이 생가를 다녀와서

　모스크바에서 남쪽으로 세 시간 반쯤 가면 '야스나야 뽈랴나'(눈부신 초원'이라는 뜻)라는 톨스토이 생가가 있다. 이곳은 언제나 톨스토이를 찾는 발길이 줄을 잇는다. 이곳을 찾은 때는 7월이었다. 생가에 도착했을 때, 결혼식을 막 끝낸 신혼부부 네댓 쌍과 하객들이 줄지어 서 있는 생경한 광경에, 내가 톨스토이 생가를 보기 위해 온 것인지 신랑 신부들을 보러 온 것인지 정신을 차리지 못한 채 인파에 묻혀 생가 입구 앞까지 밀려들어 왔다.
　잠시 후, 정신을 차리고 보니 둥근 원기둥 문 앞, 연못 옆에 서 있었다. 수채화 같은 연못의 광경은 나를 황홀하게 했다. 어린 시절에 톨스토이가 이곳에서 수영을 하며 놀았다는 말을 러시아 문학을 전공한 교수님께 들으며, 생가로 이어지는 오솔길을 따라 들바람을 맞으며 신나게 걸어 올라갔다. 들녘은 고즈넉하고 평화롭고, 얼마나 한가로운지!
　결혼식 후에 이곳을 찾는 이유가 있어 보였다. 울창한 숲으로 둘러싸인 자작나무 숲길을 따라 펼쳐진 넓은 정원과 여유로움이 묻어나서 야외 촬영지로 손색없을 정도로 잘 가꾸어진 환경이 이들의 발걸음을 이곳으로 옮기게 한 것이라고 여겨진다.

톨스토이의 집터와 묘가 있는 이 평온한 농촌 마을은 현재 톨스토이 생가 박물관으로 보존되어 있다. 2층으로 지어진 이 집은 청년 시절의 굴곡 많았던 삶을 이어, 그의 생애 82년 중 60여 년간을 집필과 가르치는 것을 낙으로 삼고 지낸 곳이기도 하다. 톨스토이는 도움을 청하러 온 농민들에게 조언과 도움을 아낌없이 주기 위해 집 앞에 서 있는 느릅나무'가난한 사람의 나무'라 불림 아래에서 많은 대화를 나누었다고 한다. 가난한 농노들을 사랑하고 소통하며 지낸 그가 고향 가까운 마을에 학교를 세워 농민들을 교육한 것은 시대를 앞서가는 그의 삶의 철학과 사상이 묻어난 첫걸음이었다.

저택 내부에는 당시의 생활을 짐작하게 하는 몇 개의 방이 있다. 1층 대기실에는 수천 권의 책이 전시돼 있고, 2층에는 응접실 겸 식당인 살롱이 있는데 톨스토이가 치던 검은 그랜드 피아노가 놓여 있다. 러시아 대문호들과 교제하며 지냈던 홀을 둘러보며, 세월은 흘렀지만 옛것을 소중하게 여기고 보존하는 러시아인의 깊은 역사의식이 묻어나 감회가 새로웠다. 이 응접실에서 체호프, 고리키, 투르게네프, 레핀 등의 문인이 모여 토론했다고 한다. 서재에는 〈전쟁과 평화〉를 쓴 작은 책상에 펜과 책이 놓여 있다. 이 탁자에서 몇 년을 두고 〈전쟁과 평화〉를 마무리할 즈음에 구상한 〈안나 카레니나〉도 이 방에서 쓰여졌다고 한다.

그가 잠자던 작은 침대 옆에는 그가 즐겨 입던 흰옷과 구두, 허리띠, 그리고 지팡이가 방 한구석에 놓여 있었다. 사슴뿔이 걸려 있는 옆방은 1910년 11월 9일, 장례식 날에 그의 관이 안치된 방이다. 몇천 명이나 되는 사람들이 이 방을 가로질러 톨스토이에게 이별을 고했다고 한다.

그는 겨울이면 창밖의 설경을 바라보거나 자작나무 숲을 산책하기를 좋아했다. 길을 걸으며 깊은 명상에 잠기고 맑은 시간을 보냈던 톨스토이처럼 깊은 삶을 살고 싶었던 나는 10여 년 전부터 그가 쓴 《인생이란 무엇인가?》라는 책을 몇 번이나 읽었다. 그 책을 읽으며 사색에 묻혀 지냈던 날들은, 진정 이 땅에서 살아가야 할 삶의 의미와 가치를 발견한 축복된 시간들이었다.

▲ 톨스토이가 어린 시절 수영하며 놀던 연못

그가 걸었던 이 길을 지금 내가 걸어가고 있다니! 이 얼마나 벅찬 순간이 아닌가?

현재 삶의 매 순간이 그 어느 것보다 더 소중하고 가치 있음을 역설한 그의 철학은 주님을 깊이 만난 노년의 삶에 고스란히 묻어나, 한 영혼을 사랑하고 귀하게 여겼음을 그의 책《신앙론》에서 살펴볼 수 있다. 그는 이런 고백을 남겼다.

> 나는 지난 55년의 나의 인생에서 최초의 15년의 소년기를 제외하고는 안식을 누리지 못하고 살아왔다. 내 나이 18세 되던 해 친구가 '신이 인간을 만드신 것이 아니라 인간이 신을 만든 것'이라고 한 말에 설득되어 나는 그리스도를 믿는 신앙을 떠났다. 나는 믿음을 포기하는 것이 자유를 얻는 길이라고 생각했다. 그러나 이제 내 나이 55세, 나는 내가 스스로 버린 어머니 같은 신앙의 품으로 돌아왔다. 나는 단순히 종교로 돌아온 것이 아니다. 나의 구주인 그리스도에게로 돌아온 것이다. 그 안에서 나는 처음으로 참된 쉼을 발견한 것이다.

진정한 휴식과 쉼이 필요한 우리에게 하나의 깨달음을 주는 말이다.

톨스토이는 죽었지만 "한 영혼 속에 자리잡은 생각 하나가 인생을 바꾼다"는 그의 말이 귀에 쟁쟁하다.

🌿 〈생명나무〉 2012년 9월호

천국을 훔친 화가들

 자작나무 가지에 물이 오르고 연둣빛 새잎이 돋아나는 5월이 되면 여선교회에서는 연례 행사로 미술관을 방문한다. 이번 방문은 푸쉬킨 미술관원래 이름은 '조형예술미술관'이다. 봄철을 맞아 예술가를 만나는 일은 삶에 활력이 된다. 러시아 중고등학교에서도 문화 행사로 박물관과 미술관을 찾고 있어, 봄철이면 견학팀과 가족 나들이객으로 벌써부터 긴 줄이 늘어서 있다. 이곳 러시아에서는 어디를 가든지 긴 줄로 서 있는 것을 자주 보게 된다. 하지만 러시아인들은 줄 서서 기다리는 일에 익숙해져 있다. 여유롭게 기다리는 모습에서 서둘러 급하게 행동하는 한국인과 사뭇 다름을 느낀다.

 러시아인의 삶은 기다림의 연속이며, 기다림을 아는 민족이다. 올해는 유난히 겨울이 길었다. 긴 겨울을 인내로 지내왔기에, 미술관 입구에서 잠시 기다리는 것은 좋은 작품을 감상할 것이라는 마음의 여유가 엿보여 나에게 매력으로 다가

온다. 러시아인을 때때로 만나 보면 표정이 굳어 있고 엄숙해 보이고 웃음을 잃은 민족처럼 보이기도 하지만, 이들과 친숙해지고 깊이 사귀다 보면 표정이 달라지고 웃음이 많은 따뜻한 사람임을 경험한다. 문화 속에 예술이 숨 쉬고, 삶 속에 예술가들에 대한 깊은 이해가 묻어나며, 예술품을 가치 있게 여기고 사랑하고 소중하게 간직하려는 애정이 남다른 이들에게 우리는 배워야 한다.

러시아인의 삶의 그루터기에는 아주 작은 것 하나에도 옛 것을 소중하게 여기는 역사의식이 자리잡고 있다. 그것이 묻어난 삶에 경의를 표한다. 집 근처 공원과 자작나무 숲길을 걸으며 깊이 사색하는 삶이 사람을 깊이 있게 하고 생각하는 사람으로 빚어 가기 때문이리라.

눈길을 걸으며 명상할 수 있는 환경도 한몫을 차지한다. 이런 관점에서 미술관 방문은 한 예술가의 영혼을 작품 속에서 만나 볼 수 있는 소중한 경험이며 영혼을 살찌우는 인생 수업이다.

우리 일행은 미술관 입구에서 그림을 소개해 주는 분을 만나 설명을 들으면서 여러 방을 오고갔다. 하지만 내 기억 속에 아직도 살아남아 있는 것은 렘브란트 작품 〈나사로의 부활〉이다. 그 작품 앞에 발을 멈추고 침묵의 긴 시간을 보냈었다.

〈나사로의 부활〉은 예수님의 부활을 예표로 보여주는 작품이다. 나사로의 누이 마르다와 마리아가 예수에게 병자의 소식을 전하는 장면, 예수가 베다니에 당도해서 두 여인의 마중을 받으며 비통한 마음을 누르지 못하여 눈물을 흘리는 장면, 그리고 나흘간 무덤에 잠들어 있던 시신을 향해 긴 옷을 입은 예수님이 무덤의 돌을 치우라 하는 소리가 들리는 것 같을 정도로 그림이 사실적이다.

주님의 명령 앞에 마르다는 반문한다. "주님, 그가 죽은 지 나흘이나 되어서 벌써 냄새가 나는데요."

〈나사로의 부활〉에서 렘브란트는 배경을 어둡게 처리했다. 동굴 무덤 안에 눕혀 둔 석관 뚜껑이 열려 있고 예수는 맨발로 무덤 뚜껑을 밟고 서 있다. 빛은 왼쪽에서 비친다. 산자와 죽은 자는 빛과 어둠의 경계로 구분된다. 예수가 추켜올린 팔의 명령을 좇아서 나사로가 상체를 일으킨다. 상체의 힘겨움이 없었다면 나사로의 표정에서 삶의 징후를 발견하기는 쉽지 않다. 죽음의 무게를 털어내는 일이 그리 가볍지 않았을 것이다. 그의 눈은 아직 빛을 얻지 못했다.

렘브란트는 삶과 죽음을 빛과 어둠의 수사학으로 덧칠해 두었다. 깨우는 이와 깨어난 이가 부활의 기적을 이루는 장면을 상상력을 발휘해서 사실적으로 묘사한 렘브란트의 독창성이 돋보였다. 이 얼마나 놀라운 발상이며 표현인가!

누가 이들에게 이토록 경이로운 생각을 부어 주었는가? 누가 이들에게 놀랍고 영감어린 창의력을 불어넣었는가?

자작나무 숲길을 걸으며 인생을 논하고 예술과 철학과 종교와 문학을 이야기하며 얻은 영감을 작품에 불어넣은 이들은 진정 천국을 훔친 화가들임이 분명했다.

〈생명나무〉 2013년 4월호

빈 둥지

이른 아침부터 집밖이 소란하다. 제비들의 비행 연습이 시작되었기 때문이다. 올해도 어김없이 찾아온 훈련 시간이다. 올 겨울 남쪽 나라로 가기 위해 날개에 힘을 키우기 위한 훈련이다. 둥지에서 밀려난 새끼들은 무서운 훈련대장으로 변신한 어미를 따라 예행연습이 한창이다.

우리 주위에 빈 둥지가 된 제비집처럼 사랑스러운 자녀들을 교육으로, 군 복무로, 결혼으로 멀리 떠나보내고, 부부만 남은 빈 둥지 같은 가정이 점점 늘고 있다.

자녀가 없는 빈자리를 채우며 살아야 하는 중년의 삶은, 위기와 새로운 도전이 교차되는 제2의 삶을 지탱하는 중요한 시점이다. 누구나 때가 되면 당연히 맞이해야 할 일이기에 힘이 들고 허전한 마음이 몰려오더라도 인내하며 이 시기를 잘 견디어 낸다면, 인생의 전환점을 가져오는 절호의 기회가 되기도 한다. 어느 젊은 부인은 우리처럼 '자녀들을 떼어놓고 속히 자유부인이 되면 얼마나 좋을까?'라고 하기도 한다. 얼마나 자유로워 보였으면 이런 생각을 할까 싶다가도 때가 되면 자녀들이 다 떠나게 되는 것을….

중년기의 홀로서기를 고국에서 맞는다면 좀 더 쉬울지 모르겠으나 이곳 외국에서 맞는 빈 둥지의 삶은 힘들어 보인다. 하지만 힘들다고 빈 둥지가 되어 세월만 보낼 수는 없지 않는가? 이전보다 더 나은 삶을 위해 제2의 인생을 계획하고 자신만 할 수 있는 가능성을 찾고 개발하여 깊이 있는 삶이 되도록 준비해야 할 좋은 기회가 되는 것도 사실이다.

지난겨울 한 집사님 가정이 이곳 모스크바에서 직장 임무를 끝내고 귀국하게 되었다고 해서 교회 뜨락 눈밭에서 기념사진을 찍은 기억이 난다. 새로운 사람도 많이 왔지만 한편으로 많은 분들이 떠나 허전한 마음이 컸는데, 감사하게도 이분들이 다시 모스크바로 발령을 받아 자녀들을 떠나보내고, 우리처럼 빈 둥지로 모스크바에 다시 오게 되었다.

얼마나 반가웠던지 얼싸안고 안부를 물으며, 여 성도들이 빙 둘러앉아 담소를 나누었다. 환영 파티와 교제를 겸해 공원에 모여 식사도 하며 쉬기로 의견이 모였다. 공원을 한 바퀴 산책하고 초록 융판 같은 잔디가 깔린 호수 앞에 돗자리를 깔고 맛있는 과일과 과자를 먹고, 커피를 마시며 재잘거리면서 수다 떠는 시간이 즐겁기만 했다.

아무에게도 방해받지 않고 삶의 여유를 톡톡히 맛보는 시간이었기에 빈 둥지가 된 자만이 누릴 수 있는 특권이라면 특권일 수 있겠다. 치매 예방에 좋다는 3, 6, 9게임도 하고, 러시아식 샤실릭돼지고기, 양고기, 닭고기를 양념해서 숯불에 구워내는 바비큐도 먹으면서 이야기꽃을 피운 오후 한나절이 기쁨과 휴식의 시간이 되었다.

오늘날 빈집 같은 교회와 가정이 많아진 것 같아 안타깝다. 집house은 있지만 가정home이 없는 현대인의 모습, 건물과 사람은 있는데 그리스도가 없는 교회, 소파만 있고 가정이 없어 웃음꽃이 사라진 삶, 남에게 받은 작은 도움에도 깊이 감사할 줄 모르고 사는 삶, 소외되고 아픈 자들을 품는 일이 소홀해지고 있어 더욱 마음이 안타깝다.
영혼의 빈 둥지가 되지 않도록, 제비들의 비행 연습처럼 새 삶을 위한 예행연습을 시작해야겠다. 더 늦기 전에, 더 후회하기 전에···.

〈생명나무〉 2011년 9월호

빈자리를 채워 주소서

따르릉 따르릉 전화벨이 울린다. 수화기를 들으니 귀에 익은 목소리다. 새벽제단을 빠지지 않고 잘 섬기는 집사님의 차분한 목소리였다. "목사님, 제가 한국으로 발령나서 귀국하게 되었습니다"라는 말을 듣는 순간 가슴이 철렁 내려앉았다. 승진이 되어 가는 좋은 일이지만, 교회로서는 새벽제단을 쌓는 신실하고 귀한 일꾼을 빼앗긴다는 마음이 들어 못내 아쉬웠다.

집사님이 떠난 빈자리를 채워 주시리라 믿고 있지만, 교회 안에 들어서면 집사님 부부가 앉았던 빈자리가 눈에 들어와 눈시울이 뜨거워진다. 저 빈자리를 누가 채워 줄 것인가? 두 분이 마음을 다해 기도하던 빈자리가 문득문득 생각난다.

왜 이리도 간절한 마음이 드는 것일까? 왜 이리도 오래오래 기억이 되살아나는 것일까? 이분들의 가정은 주님의 축복을 풍성히 받아 기도의 모본을 보여주신 분들이다. 모든 이들이 20여 년의 교회 역사에서 제일 잘 되어서 귀국하시는 분이라고 이구동성으로 말한다. 정말 그렇다. 그분들은 부르짖는 자에게 주시겠다고 약속하신 신실하신 주님만을 바라보고 성실하게 최선을 다하며 진실하게 살았기에 더 기억에 남고 오래오래 뇌리에서 사라지지 않는다.

주님은 나의 기도도 들어주시리라 믿으며, 오직 주만 바라보고 있다. 이런 마음을 아셨는지, 최근 서너 명의 초등학생들과 중학생들이 새벽제단에 나오고 있다. 이 얼마나 놀라운 기도의 응답인가?

우리의 부르짖음에 즉시 응답하시는 아버지의 마음! 가슴 깊이 감사드린다.

엘리자베스 1세 시절은 영국으로서는 가장 전성기인, 화려하고 번영했던 시절이었다. 한 기자가 "여왕님은 하루에 몇 번 기도하십니까?"라고 물었다. 여왕은 잠시 숨을 돌리더니 "저는 단 한 번 기도하지요"라고 대답했다. 그 대답을 듣고 기자가 다시 물었다. "여러 차례 기도하실 것 같은데, 단 한 번 기도하신다니요?"

여왕의 대답은, 매 순간순간 기도하면서 업무를 보고, 사람을 만나고, 나라 일을 보니까 하루 종일 기도하며 지낸다는 뜻이었다.

이 얼마나 놀라운 삶인가? 이 얼마나 축복받을 만한 마음가짐인가?

매 순간순간 기도하며 일하고 결정하고 결단하며 우리는 살고 있는 것인가?

기도는 호흡이며, 기도는 생명을 살리는 일이다. 기도 없이 하루를 시작할 수 없고 기도 없이 주의 일을 할 수가 없다. 우리의 부르짖음에 응답하시고 우리의 간구에 귀 기울이시는 아버지의 마음을 생각하며 우리의 기도가 땅에 떨어지지 않게, 그 집사님과 엘리자베스 여왕처럼, 우리도 순간순간 기도의 삶을 사는 은혜의 사람이 되기를 소원해 본다.

〈생명나무〉 2012년 8월호

체림샤

봄의 전령 체림샤!

인조 때, 울릉도에 먹을 것이 없어서 눈을 파헤쳐 보니 파릇한 싹이 돋아 있어서 뜯어 먹으니 명命이 길어졌다 하여 '명이 나물'이란 이름이 붙여졌다고 한다. '산 마늘'이라고도 하며 지리산에서는 산에서 나는 파라고 해서 '산 파'라고 부르기도 한다.

서유럽에서는 곰이 먹을 것을 찾다가 바위 옆에서 파릇한 잎을 먹었다 하여 '곰바위'라고 부르기도 한다.

언젠가 한국에 갔을 때 종각 전철역 유리벽에 자리잡고 있는 시들 중 최두석崔斗錫 시인의 〈명이〉가 있는 것을 보았다.

> 요즘에는 별미의 나물이지만
> 예전에는 섬사람들 목숨을 잇게 해서
> 명이라 부른다는
> 울릉도 산마늘잎 장아찌
> 밥에 얹어 먹으며 문득

세상에는 참 잎도 많고
입도 많다는 것 생각하네.
세상의 곳곳에서
기고 걷고 뛰고 날며
혹은 헤엄치며
하염없이 오물거리는 입들
과연 잎 없이 입 벌릴 수
있을까 생각하네.

러시아에는 초봄이 되면 따스한 남쪽 지역에 명이가 지천으로 피어난다. 해빙기를 맞아 추위를 무릅쓰고 움이 돋아나, 첫봄에 푸른 채소를 먹을 수 있도록 하늘이 주신 선물이다.

올해도 체림샤가 나왔는지 알아보기 위해 재래시장을 찾았다. '너무 일러서 없으면 어떡하나?' 생각되었지만 체림샤가 없더라도 봄나들이 겸 시장 구경도 하고 신선한 채소를 사오리라고 마음먹었다.

봄이 되면 굼실굼실 밖으로 나가고 싶어지나 보다. 바구니를 들고 나온 아주머니들로 시장 안이 북적인다. 체림샤를 보고 싶은 마음에 걸음이 빨라졌다. 종종걸음으로 재래시장 안에 들어서자마자 첫 가게에 초록빛 체림샤가 눈에 띄었다. 연두 촉이 제법 싱싱해 보였다. 봄 향기가 코 안으로 알싸하게 들어오는 듯했다. 반가웠다. 얼마 만에 보는 푸른 잎 채소란 말인가?

얼마인지 물었다. 작은 묶음 하나에 50RP러시아 화폐, 루블이라고 한다. 연둣빛 잎이 작년보다 더 크게 자랐다. 몇 가게를 들러 가격을 물어보기로 했다. 몇 가게를 거치며 물으니 45RP란다. 그 다음은 30RP. 점점 가격이 내려갔다. 집집마다 부르는 것이 값이다. 시장은 정찰 가격이 없으니 부르는 게 값이다. 이 말은 더 저렴하게 살 수도 있다는 의미다. 그렇다면 아예 시장 전체를 한 바퀴 돌아보기로 했다.

저만치 후미진 곳에 도매집이 보였다. 가격이 제일 저렴했다. 20묶음을 덥석 집어들었다. 제법 묵직하다. 여러 번 시장에 나올 수 없어 아예 봄 동안 체림샤만 먹어야 할 만큼 많이 샀다. 봄 향기가 몸을 비집고 들어온 듯 마음이 뿌듯했다.

지난봄에는 뜨람바이러시아 전기차를 타고 사람 구경도 하고 봄빛도 쬐어가며 느릿느릿 마음 가는 대로 여유롭게 도착해 시장 한 바퀴 돌아돌아, 시들지 말라고 물에 담궈둔, 언 체림샤를 사온 적이 있다. 여린 촉이 가늘어 이제 겨우 봄볕에 하늘 구경하는 잎을 댕강 잘라와 파는 것 같아, 먹는 우리가 체림샤에게 미안했었다. 하지만 작년보다 이르게 나선 걸음이어서인지, 이번에는 기회가 좋았다. 때를 잘 맞추어 간 것이다. 연둣빛 촉이 물을 머금고 손님을 기다리고 있었는데, 제때에 손님을 제대로 만난 셈이다.

나물도 아닌 것이, 파도 아닌 것이, 매운맛이 감돈다. 봄을 먹는 기분이다. 봄맛이 이렇게 좋을 수가 없다. 새벽에 일찍 일어나는 새가 모이를 찾아 먹는다더니, 봄나물을 사러 발품을 팔고 나선 덕에 봄을 만나고 먹을 수 있게 되었다.
 입 안에서 봄이 춤을 춘다.

볼가강에 음악이 흐르면

러시아 말에 "볼가강에 음악이 흐르면 겨울에도 꽃이 핀다" И зимой расцветают цветы, если над Волгой рекой звучит музыка 는 말이 있다. 러시아 민요를 두고 "기쁜 음악도 슬프다"러시아가 옛날에 아주 힘들게 살았기 때문에 민요 내용이 슬프다는 뜻고 하는데, 길고 긴 겨울을 이겨내야 하는 러시아의 음악에는 사람의 기쁨과 이별, 오랜 겨울의 추위와 고통, 서민들의 삶이 고스란히 투영되어 있기 때문일 것이다. 거대한 대륙을 품고 있는 러시아이기에 이런 긴 호흡의 음악과 문학이 가능했을 것이다.

겨울에 듣는 음악은 특별하다. 또한 겨울은 음악과 발레와 연극과 만담의 계절이기도 하다.

올해도 어김없이 발레를 전공한 집사님이 가르친 아이들의 발레 공연에 초대받았다. 시간이 여의치 않아 참석은 못하였지만 작년에 본 기억을 살려 〈백조의 호수〉, 〈잠자는 숲속의 미녀〉, 〈피리 부는 소녀〉를 주제로 무대를 화려하게 장식했을 것이라 상상하며, 귀한 기회를 놓친 것이 못내 아쉬웠다.

이런 추운 겨울임에도 불구하고 러시아인들은 가장 멋지고 화려한 의상으로 단장하고 뮤지컬을 보러 간다. '러시아는 거지들도 구걸한 돈으로 발레와 오페라를 보러 간다'는 우스운 이야기도 있다.

눈 내리는 겨울에, 나는 자주 차이콥스키와 라흐마니노프의 교향곡과 피아노협주곡을 듣는다. 이들이 만든 교향곡과 피아노협주곡 속에는 러시아의 대륙 기질과 역동성, 저력, 모든 것을 가능케 하는 서정성이 잘 표현되어 있어서 더욱 애착이 간다. 특별히 차이콥스키 현악 사중주 제1번 D장조 Op.11번을 듣고 있노라면 정통 클래식에 러시아 민요 선율이 더해져 러시아의 감성을 느끼게 해 준다. 겨울의 서정을 담은 음악이 있었기에 러시아인들이 숙명적으로 다가오는 눈과 추위를 이겨갈 수 있었을 것이다.

지금 차이콥스키의 음악을 들으면서 글을 쓰고 있다. 톨스토이는 이 음악을 처음 듣고 눈물을 흘렸다고 한다. 마음 한구석에 스며오는 서정의 감성이 몰려왔기 때문일 것이다.

일상이 되어 버린 러시아의 겨울!

그중 가장 매서운 강추위가 지배하는 11월부터 2월까지는 정지된 시간의 도시처럼 보인다. 이전에 러시아 정교회를 방문한 적이 있었다. 돔 형식을 가지고 있는 정교회의 실내 분위기는 촛불을 켜고 간접 조명등을 사용해서인지 세속과 단

절된 듯 안정감이 스며 있었다. 잠시 안을 둘러보고 있는데 저 먼 발치에서 깊이 있는 베이스와 알토 소프라노의 아름다운 선율과 아카펠라 중창단의 잔잔한 화음이 둥근 돔홀 안에 울려퍼졌다. 화음의 절묘함이 마음속 깊이 젖어와 울음이 쏟아질 정도로 감동을 받은 적이 있었다. 그 이후로 아카펠라 CD를 몇 개 구입해서 겨울이 되면 비빔밥처럼 잘 버무려진 중창을 듣는 일도 나의 일상이 되었다.

음악 속에 묻어난 정서가 타 민족과는 다름을 느낄 때마다 몽골 타타르족에게 300년이란 긴 세월 지배를 받아왔기에 서구 유럽인들과 다르게 동양적 정서를 가지고 있는 것이지 싶다.

동시에 타인을 배려하는 정이 많은 민족이기에 대륙의 크기만큼 이별의 사연이 많아 한이 서린 민족혼이 그들의 음악 속에 고스란히 담겨 있어, 길고 긴 겨울을 이겨내야 하는 고통과 빈곤, 이별, 회한의 죽음이 투영되어 있기에 더욱 애잔하게 들리는지도 모르겠다.

흙냄새가 나는 러시아 민요, 낭만주의 리얼리즘 음악의 새로운 역사를 만든 클래식, 영혼을 울리는 아카펠라 합창은 닫혀 있는 긴 겨울을 견뎌낸 러시아인의 삶 그 자체일 것이다. 영하 20도에서 30도를 오르내리는 저릿한 추위는 아무리 옷을 두툼하게 껴입어도 피할 수가 없다. 하지만 저릿한 추위를 이겨내기 위해 벽난로에 둘러앉아 음악을 들으며 여유로운 시간을 만끽해 보는 것도 겨울을 견디는 삶의 또 하나의 기쁨이리라.

책갈피

어느 날 책상에 소포 하나가 와 있었다. 그 속에 하얀 뜨개실로 뜬 책갈피 십자가와 편지가 들어 있었다. 십자가를 보는 순간 새롭고 경이로웠다. 아하! 십자가를 이렇게도 만들 수 있다니! 지갑 속에 고이 간직하고 지갑을 열 때마다 감탄하며 순간순간 기도하는 습관이 생겼다.

'어떻게 이런 모양으로 뜨개질을 할 수 있을까?' 생각하다가 뜨개질을 잘 하는 집사에게 십자가를 보여주었더니 밑그림을 즉석에서 그려 주었다. 보고 뜨면 쉽게 할 수 있겠거니 했는데 차일피일 배울 기회를 놓치고 말았다.

그 이후로 십자가 밑그림을 볼 때마다 언젠가는 십자가 뜨개질을 할 수 있으리라는 생각에 러시아에 오면서까지 수첩 속에 스케치를 넣어 가지고 왔다.

어느 날, 부활절 집회에 말씀을 전하러 오신 목사님의 사모님이 가방에서 선물로 십자가를 꺼내 주는 것이 아닌가? 나는 순간 화들짝 놀랬다. 그리도 해 보고 싶었던 십자가를 뜰 수 있게 되었구나 생각하고 벅찬 마음으로 기초부터 배우기 시작했다. 하지만 손에 덜 익숙해서인지 어느 구멍으로 넣어야 할지 몰라서 뜨다가 풀기를 수차례하였다. 늦은 밤까지 도둑고양이처럼 의자에 쪼그리고 앉아 꾸벅꾸벅 졸면서 뜨개를 하다가 기형 십자가를 만들기도 했다. 완성된 줄 알고 풀을 먹이려고 보니 한 줄을 줄이지 못하여 균형 잃은 십자가를 만들어 쓰레기통에 버리기를 몇 차례… 끈질긴 나의 성격 덕분에 겨우 작은 십자가 하나를 완성했다. 실과 씨름한 시간이 얼마였던가?

완성된 십자가를 보니 오랜 기다림 끝에 드디어 해냈다 싶어 마음이 후련했다.

십자가 책갈피는 작은 선물로는 안성맞춤이다. 정성과 사랑이 담긴 좋은 선물이 될 것 같아 틈나는 대로 실과 뜨개 바늘을 들고 다니면서 십자가를 뜨고 있다. 그동안 100여 개는 선물로 준 것 같다. 선물을 받는 사람마다 놀란다. 이것을 뜰 수 있느냐고….

이제는 십자가 뜨는 일이 나의 십자가가 되었다.

꽃과 함께 식사

 연둣빛 노트를 한 권 샀다. 초록이 그리운 설원의 계절에 초록 빛깔은 기운을 돋게 하는 푸름이 묻어 있기 때문이다. 연둣빛 노트에 적은 진솔한 삶의 이야기는 생명 글이 되어 하루를 반성하며 새롭게 피어나기를 꿈꾸는 내 마음의 소망이 스며 있기에 연둣빛이 그리울 때면 하얀 컵에 들꽃을 꽂아두고 꽃과 함께 식사를 한다. 나의 마음은 즐겁고 행복하다.
 고국의 봄은 송곳 같은 꽃샘추위를 견딘 꽃나무들의 꽃망울 터지는 소리에 바람도 피해서 달아나고 있겠다. 벚꽃도 팝콘처럼 동그란 꽃망울을 터뜨리기 시작하고, 물기 머금은 노란 산수유도, 청초하게 빗방울을 꽃잎 속에 품은 매화도 싱그럽다. 고국의 봄이 이곳에도 곧 올 것이기에 봄을 노래해 보련다.
 이곳 러시아의 첫봄은 튤립과 함께한다. 공원에 앞다투어 피어나는 붉고 노란 튤립이 손님 맞을 채비로 분주해진다. 지난가을 정원에 심어둔 분홍빛 튤립이 햇봄의 기쁨을 선사해 주기를 기대하며, 초록 물 머금은 나뭇가지에 앉아 마음 착한 할머니들이 두고 간 빵 부스러기를 먹으며 재잘재잘거리는 참새들의 노랫소리가 봄 향기처럼 들린다. 초록 빛 깔린 잔디의 춤결은 슈베르트의 가곡 숭어처럼 경쾌하다.

봄비 내린 오솔길을 걷다 보면 미처 깨닫지 못한 작지만 아름다운 소리가 들린다. 땅속을 비집고 생명을 돋우려는 새싹들의 움트는 소리에 봄은 아침처럼 새롭다.

하나님이 창조하신 아름다움이 나의 눈과 가슴에 와 닿는다.

> 돌담에 속삭이는 햇발같이
> 풀 아래 웃음 짓는 샘물같이
> 내 마음 고요히 고운 봄길 위에
> 오늘 하루 하늘을 우러르고 싶다
>
> 새악시 볼에 떠오는 부끄럼같이
> 시詩의 가슴에 살포시 젖는 물결같이
> 보드레한 에메랄드 얇게 흐르는
> 실비단 하늘을 바라보고 싶다.

김영랑의 시 〈돌담에 속삭이는 햇발〉을 떠올려본다.

봄이 오는 길목, 주님은 내게 맑은 물이 되어 생명을 살리는 일에 모든 것을 드리라고 하신다. 조용히 들려주시는 성령님의 음성에 귀기울이며, 성도들의 생일을 챙기고 교회 주변을 깨끗이 아름답게 꾸미고 그림을 가르치는 문화예술사역도 하라고 하신다. 중보기도를 통해 힘들고 외로운 자들에게 격려와 위로의 서신을 보내며 주님의 마음을 띄워 보내는 일도 하라고 하신다. 햇살 가득한 봄날, 북 마크로 변한 들꽃들은 벗들의 책 속에서 숨을 쉬고 생명을 잉태한다. 내게 주신 이 작은 섬김이 영혼을 살리고 생명을 살리는 사랑의 꽃이 되어 꽃과 함께 식사하는 날들이 많아졌으면 좋겠다.

〈생명나무〉 2011년 3월호

다차

 이제 본격적인 휴가철이다. 많은 사람들이 휴가를 떠났다. 거리는 한층 한산해졌다. 러시아는 토, 일요일과 8일의 법정공휴일, 그리고 평균 21일의 유급휴가가 있어 여가 활동이 활발하게 이루어지고 있다. 스포츠와 여가문화가 보편화되어 있고, 대도시 사람들의 상당수가 도시 외곽에 다차주말전원주택를 가지고 있어서 주말이 되면 다차에 가서 소규모 텃밭을 가꾸면서 보내는 사람들이 많다.

 다차로 가는 외곽의 우람한 숲과 광활한 들판이 태양빛에 들꽃 향으로 넘실거린다. 휴가 기간은 여름에 집중되어 있기에 흑해, 발트 해, 바이칼 호, 터키, 이집트, 도미니카 등지가 러시아인들의 대표적인 휴양지로 꼽힌다. 도시에 살고 있는 러시아인들은 주말이나 휴가 때 다차를 찾아 작은 텃밭에 감자와 토마토를 심기도 하고, 강이나 호수에서 배에 타고 노를 젓는다. 아이들은 모래장난도 하고 수영도 하며, 텃밭에서 햇볕 먹고 자란 야채와 감자로 만두를 빚어 온 가족이 둘러앉아 이야기꽃을 피우기도 한다. 집 안에서 자라는 나무와 나무 사이에 그물을 치고 낮잠도 자고 책도 읽으면서 여유로운 한낮을 보내기도 한다.

　느림의 미학이 존재하는 러시아의 다차 문화에서 진정한 쉼과 여유를 즐길 줄 아는 민족임을 엿볼 수 있다. 가끔씩 지인의 초대를 받아 다차 텃밭에서 기른 부추로 만든 만두를 빚어먹는 날이면 싱그러운 자연을 먹는 듯 마음까지 싱싱해진다.

　다차로 가는 행렬이 많아 매주 금요일 오후는 길이 막힌다. 외곽 다차로 가는 자동차 행렬이 줄지어 있기 때문이다. 이 행렬에 잘못 접어들었다가 혼이 난 적이 있다. 30분이면 가는 길을 2시간 반이 넘게 걸린 적이 있었기에 특별한 일을 제외하고는 금요일 오후는 외곽으로 잘 나가지 않는다. 인내의 한계를 느끼는 순간이지만, 이들은 묵묵히 긴 행렬을 잘도 참아낸다. 휴식을 얻기 위해 달려가는 걸음이기에 지체되는 것을 문제삼지 않는다. 오히려 즐기듯 콧노래를 부르는 이들의 발걸음이 가벼워 보인다. 요사이는 해가 늦게 무너지는 여름이기에밤 11시까지 태양이 떠 있음 여유 부릴 날들이 더 많은 셈이다.

　휴가철을 맞게 되면 한번쯤은 자신을 돌아보게 된다.

아름다운 음악을 들으면서도
소리만 들릴 뿐 마음에 감동이 흐르지 않는다면
지금은 쉴 때입니다.
…
아침에 눈을 떴을 때 창문을 비추는
아침 햇살이 눈부시게 느껴지지 않는다면
지금은 쉴 때입니다.

  정용철의 시 〈지금은 쉴 때입니다〉를 통해 나의 삶을 돌아보게 한다.
  진정한 쉼은 우리의 육체와 영혼에 안식을 가져온다. 예수님은 "수고하고 무거운 짐 진 자들아 다 내게로 오라… 그리하면 너희 마음이 쉼을 얻으리니"마 11:28~29라고 하셨다.
  내 마음의 다차에 인생의 주인 되는 그리스도를 모시고 마음과 영혼의 쉼을 누리고 싶다.

〈생명나무〉 2013년 8월호

세 개의 십자가

햇빛이 그리운 겨울!

햇살이 방안 가득 찼다. 창가 햇살 잘 드는 곳에 사랑초와 시클라멘이 무척 따스해하며 분홍과 보랏빛 꽃으로 봄을 선사한다. 햇살 많은 날은 모든 일을 제쳐놓고 집 안에서 일광욕하는 버릇이 생겼다. 향내 가득한 커피 한 잔과 책 한 권을 들고 햇살 좋은 곳에 자리 잡고 책 읽는 재미에 푹 빠진다.

해가 가는 길을 따라 자리를 옮기면서 뼛속 깊이 스며오는 따스함에 행복이 몰려온다. 창끝까지 이동하다 보면 8층 아래 아이들이 자작나무 숲에서 노는 모습을 본다.

러시아에는 자작나무가 많다. 추운 곳에서 서식하는 독특한 나무이기에 러시아를 상징하는 나무가 되었다. 러시아어로는 '배료자'라고 한다. 여성의 이름 같은 이 배료자가 러시아 여인을 상징하는 나무가 된 것은 몸이 굽지 않고 하늘을 향해 쭉쭉 뻗은 늘씬한 몸매가 러시아 여성들의 몸매와 닮았기 때문이다. 배료자의 하얀 몸통은 러시아 여성의 흰 피부를 닮았고, 그 가지는 수양버들처럼 여성의 긴 머릿결과 같다고 해서 더욱 그렇게 생각한다.

보통은 숲 언저리에 자작나무 군락을 이루지만, 때로는 가족의 평안을 위해서 집 근처 공원에 자작나무를 심기도 한다. 자작나무 빗자루를 베갯머리에 놓고 자면 아기를 밴다든가 악마와 병마를 물리칠 수 있다고 믿는 사람들도 있고, 지붕이나 다락방에 넣어두면 번개나 천둥, 우박의 피해를 막을 수 있다고 생각하는 토속신앙도 있다.

한국에서는 건강을 위해 봄에 고로쇠 물을 마시듯, 이전에는 젊은 여성들이 자작나무 수액을 받아 얼굴을 씻기도 했단다. 자작나무로 숯을 만들기도 하고, 껍질은 파피루스 종이처럼 글을 쓰고 그림을 그리는 재료로도 사용되고, 수액에서는 자일리톨 껌을 만드는 재료를 얻기도 한다. 자작나무에 서식하는 차가버섯은 약으로 사용되어 효능을 체험한 사람들이 찾기도 한다. 군락을 이룬 자작나무는 강풍을 막는 바람막이가 되기도 하고, 자작나무 숲길은 산책로가 되어 삶을 돌아보는 쉼터가 되기도 한다. 이처럼 자작나무는 자신을 아낌없이 주는 나무라고 할 수 있다.

한편으로, 서리를 맞으며 풍파를 헤쳐 온 세월 속에서 바람채찍이 할퀸 몸통의 검은 자국들에서는 예수님의 고난이 연상된다. 갈기갈기 찢기고 벗겨진 하얀 껍질에서는 십자가의 고통을 참아내며 부르짖는 주님의 신음 소리가 들리는 것 같다.

자작나무는 아낌없이 자신을 내어주신 예수님의 생애와 너무나 닮았다. 무거운 눈에도 휘어지지 않고, 고개를 숙일 줄 아는 온유와 겸손이 묻어 있는 자작나무 가지로 세 개의 십자가를 만들어 고난의 깊은 의미를 묵상한다.

주님이 걸어가신 외로웠던 그 길을 나도 걸어가는 것이 진정 주님이 원하시는 뜻이라면, 나도 그 길을 따라가리라는 마음으로 선교지 러시아로 왔다.

자기 십자가를 지고 나를 따르라는 주님의 음성이 들리는 듯하다. 십자가의 고난 당하신 주님의 피 묻은 손이 내 영혼을 어루만지는 듯하여 내 가슴이 뜨거워진다.

그러면서 십자가 이후로 나타날 부활의 소망이 있기에 오늘을 인내하라고, 아낌없이 자신을 내어주며 살라고, 세 개의 십자가가 들려주는 소리가 내 귀에 쟁쟁거린다.

〈생명나무〉 2012년 4월호

러시아는 변하고 있다

 쾅! 쾅!, 요란한 소리에 잠이 깨었다. 드릴로 구멍을 뚫는 시끄러운 소리였다. 집 앞 도로변과 시가지가 온통 어수선하다. 새 정부가 들어서고 개혁 개방을 향해 가는 변화의 물결이 삶의 현장 곳곳에서 진행되고 있다. 깨끗하고 편리한 시가지를 만들어 보겠다고 나온 야심찬 행보이다. 얼마 전에는 모스크바 시장이 서울을 방문하고 와서는 모스크바에 더 많은 변화의 바람이 불고 있다. 모스크바의 혹심한 교통체증을 해소하는 방안으로 도로 갓길을 버스전용차선으로 만든 것이다. 시민들은 버스도 많지 않은데 차선 하나를 버스를 위해 비워 주는 것은 교통체증을 가중시키는 것이라고 불평을 하면서도 어쩔 수 없는 듯 순응하고 있다.
 CCTV를 설치해 버스 외의 차량 통행을 제한하고, 위법 차량은 벌금을 부과하고, 과속 차량을 단속하는 모습도 보인다. 1년 전만 해도 경찰들의 수시 검문과 금전 요구에 불만이 많았는데, 이제는 현저히 줄어들어 개방으로 가는 길목에 서 있음을 알려준다.

최근에 장애우들의 안전을 위해 눈에 띄게 시작한 일이 노란색 점자 보도블록을 건널목 바닥에 까는 일이다. 일이 얼마나 빠르게 진행되는지 놀랄 정도이다.

하지만 속히 진행되는 일에 착오가 생기는 법! 점자 블록이 잘못 깔렸다고 그 많은 노란색 점자 보도블록을 걷어내는 중이다. 이 얼마나 큰 경제적 손실인가? 하지만 아랑곳하지 않는다.

길가에 늘어선, 무허가로 지은 크고 작은 키오스크상가들도 하나씩 철거되고, 칙칙한 회색빛 택시들은 밝은 색상으로 변신해서 도로를 누비고 다닌다.

도로 중앙의 잔디 옆 땅속에 묻어둔 녹슨 상수도관도 교체하느라 도로변이 흉물스럽게 어수선하다. 잔디를 갈아엎고 기름진 흙 위에 잔디 씨를 뿌리는 일도 한창이다.

창공을 올려다보면 하늘 길도 어수선하다. 구소련 시절 교통수단이던 전기버스와 전차를 위한 전선이 얼기설기 엉켜 있다. 교차로와 철로 위에 버스와 자가용이 용케 부딪히지 않고 엇갈려서 달린다. 변화와 개혁을 위해 온 시가지가 몸살을 앓고 있다.

하지만 새롭게 변해가는 도시를 꿈꾸는 이들은 불편함을 인내로 잘 참아내고 있다. 더 나은 러시아로 거듭날 것을 상상하며 시민들은 기대에 부풀어 있다.

새롭게 발전해 가는 러시아처럼 변화와 성숙을 위해 내 마음도 공사 중에 있다.

꽃 도둑

　러시아의 봄은 한국보다 더디게 온다. 5월로 접어들었지만, 간간이 눈발이 날리고 이른 새벽에는 눈서리가 초록 잔디를 덮어 스산하다. 봄은 오려고 하고, 겨울은 가지 않으려고 밀고 당기며 개구쟁이 꼬마처럼 장난을 친다.
　5월은 러시아인들에게 소생의 계절이다. 긴 겨울 동안 눈과 얼음과 황량한 들판이 연둣빛으로 살아나기 때문이다. 새벽 기도하러 가는 길목에 아직 잠에서 깨지 않은 잔디 위에 물 머금은 흰 휘버휴흔히 들국화라고 일컫는 구절초와 비슷한 꽃가 들꽃처럼 싱그럽게 피어 있다.
　아직 어둠이 가시지 않은 안개 자욱한 이른 새벽, 모두가 잠에서 깨지 않은 고요한 시간, 일찍 일어나 이슬 먹고 자란 하얀 들꽃은 청초한 모습으로 자신을 드러내고 있다.
　〈빛이 그림을 그리고 갔다〉는 내 글 속에 이런 표현이 있다.

　작은 이슬이 또르르 구르며 말한다.

넌 참 행운아야
　　이 작은 파장을 볼 수 있다니
　　그래 정말 난 행운아다.

　아무에게도 보여주지 않는 그분의 손길과 숨결을 들으며, 나는 다시 무릎을 낮추어 멋있고 아름다운 모습을 보이려고 이다지도 청아하게 자태를 뽐내고 있는 들꽃 곁에 살며시 다가가 가장 예쁜 꽃을 찾기 위해 주위를 두리번거린다.

　가장 마음에 드는 예쁜 꽃 한 송이를 꺾어 책갈피에 잠재운다. 또다시 가까이 가서 '꽃아! 미안하다!' 한 마디 던지고 싹둑, 가위질을 한다. 얼마나 아플까? 얼마나 놀랐을까? 이 새벽에…. 이런 마음이 들지만, 따뜻한 마음 온데간데없고, 꽃 모가지를 댕강댕강 자르기 시작한다. 속도가 붙어 삽시간에 한 움큼이 된다.

　오롯이 자신을 드러내며 청초한 모습으로 이 하루를 살려고 아픈 시간을 견디며 봉오리를 폈건만 이른 새벽 웬 꽃 도둑이 나타나 내 삶을 송두리째 앗아간단 말인가?

　아마도 들꽃은 나를 원망했을지도 모른다.

　매일 새벽마다 들꽃을 꺾어 책갈피에 잠재우는 일이 나의 일과가 되었다. 기도하러 오가는 길목에서 나는 꽃 도둑이 되었다.

　　　　　　　　　　🌷 〈생명나무〉 2012년 5월호

마음의 일광욕

 늘씬한 몸매를 자랑하는 러시아 여인들의 옷차림이 화려해진 여름이다. 강렬한 태양빛 내리쬐는 초록 잔디밭에 가족들과 연인들이 속살을 태우고 있다.
 작열하는 여름에 해방감을 맛보는 계절, 자신을 속속들이 드러내지 않으면 짧은 여름은 기다려주지 않기에 긴 겨울을 이겨내기 위해 호숫가 잔디는 일광욕을 즐기는 인파로 가득하다.
 태양 아래 화려한 옷차림을 한 여인들은 공원에 피어 있는 튤립의 밝고 매혹적인 색과도 닮아 있다. 검은빛은 이미 눈앞에 사라진 색들이다. 꽃 시장에서 사온 울긋불긋 화려한 색으로 시가지는 단장되어 손님들의 발길을 끌고 있다. 길거리 가로수에 튼실하게 서 있는 너도밤나무, 피나무, 자작나무, 미루나무에도 짙은 초록물이 들어 온 시가지와 공원에 싱싱함을 더하고 있다. 푸른 하늘과 흰 구름도 소풍 나와 신명나게 놀고 있다. 이제는 살 것 같다. 억눌린 마음에 날개를 단 듯 맘껏 숨을 쉬고 쪽빛 푸른 하늘을 선물로 주신 주님을 찬양하고 싶다. 싱그러운 태양빛이 우리 곁에 다시 태어난 것이 놀랍고 신기할 뿐이다. 오지 않을 것 같은 봄과 여름, 이 얼마나 황홀한 날들인가?

여름이 되면 내가 꼭 찾는 곳이 있다. 꽃 시장이다. 먼 길을 달려가지만 신나는 일이다. 꽃을 보러 간다는 생각에 벌써부터 마음이 들떠 있다. 꽃 가게를 둘러보는 즐거움과 재미는 발걸음이 먼저 안다. 이제는 좋은 날만 남아 있다. 꽃 키우는 재미로 신명나게 살 일만 남았다. 꽃은 나에게 행복을 가져다 준다. 숨을 쉴 수 없을 정도로 먹먹하고 답답하고 칙칙한 검은 나라에서 싱그러운 꽃 나라로 옮겨진 사실이 놀랍고 신기할 뿐이다. 꽃과 이야기하다 보면 나를 발견하게 된다.

여러 가게를 둘러보다가 한 귀퉁이에 오롯이 서 있는 추억의 꽃, 개나리를 만났다. 덩굴에서 노란 물이 오른 고향 꽃 개나리다. 그리움이 묻어났다.

잔디 사이에 숨어 핀 야생화도 나에겐 친구와 같은 소중한 존재들이다. 야유회를 얼마 남겨두지 않은 요즈음 헌책들을 주섬주섬 모아두고 있다. 들판에서 만날 들꽃을 책갈피에 잠재울 행복한 날을 기대하면서 말이다.

혹독한 겨울을 안고 자란 러시아인들의 정신에는 완강함과 순수함이 공존해 있다.

때로는 붙임성이 없고 딱딱한 느낌을 받는 이들에게도 여름만큼은 밝아지고 환해지고 이야기가 많은 웃음꽃이 된다.

도심 속 녹음이 우거진 넓은 공원과 호수들은 시민들의 산책길이 되어 일상의 낙이 되고 휴식이 되어 있다. 잔디에 누워 책을 읽거나 언제 어디서나 책과 함께하는 러시아인들을 볼 때마다 러시아 문학이 그 명성을 수세기 동안 이어온 이유를 알게 된다.

여름이 되면 나도 이들의 삶에 물들어 가고 있다. 긴 겨울을 이겨낼 태양빛에 나의 속살을 드러내어 마음의 일광욕을 하고 있다.

바자회

사람들이 벌써 웅성웅성, 교회 뜰 앞이 시끌시끌하다. 11시에 '땡!' 하면 제일 먼저 달려가 마음에 드는 물건을 사려고 많은 사람들이 청바지와 운동화 차림으로 기다리고 있다. 마지막 정리가 아직 덜 되어서 준비위원들은 1층과 2층을 오르내리며 막바지 작업에 여념이 없다. 바자회 분위기는 이렇게 후끈 달아오르고 있다.

짧은 기도로 바자회가 시작되었다. 몰려드는 인파에 밀려서 나는 계단을 헛디딜 뻔했다. 인파와 열기가 가득한 지하는 공기통이 없어 숨쉬기가 힘들 정도이다.

바자회 이틀 전부터 앞치마를 두른 부인들이 책상을 넓게 펼쳐놓고, 방망이로 돼지고기를 손 빠르게 두드리고, 칼로 다지고, 소금, 후추, 레몬즙을 뿌리고, 밀가루, 계란 옷을 입히고 튀겨 교회가 삽시간에 돈가스 공장이 되었다. 냉장고에 다 들어가지 못할 정도로 엄청난 양의 돈가스를 만들어 책상에 쌓아놓고 내일 이 많은 양을 다 팔 거라고 한다. 슈퍼에서 배달된 그 많은 한국 식품 중에 가장 인기 있는 총각김치를 사려는 사람들로 손발이 바빠졌다.

　지난 밤 예행연습을 마친 붕어빵 집은 검은 빵모자를 덮어쓴 집사님 옆에 손놀림이 날렵한 조수를 곁에 두고 철꺽 철꺽 붕어빵을 잘도 찍어낸다. 그 솜씨가 보통은 넘어 보인다. 알몸을 드러낸 붕어빵을 먹으려고 소시지처럼 긴 줄이 늘어서 있다. 러시아 학생들도 긴 줄에 섞여 옹기종기 붕어빵을 한 마리씩 먹고 있다.

　타향이기에 더욱 그리운, 고향 맛같이 느껴지는 붕어빵을 사이좋게 나누어 먹던 일이 먼 훗날에는 새록새록 추억되어 피어나리라! 입맛을 다시며 물끄러미 보고 서 있는 러시아 친구들도 생각나리라!

　벽에는 통 큰 김밥, 진짜 오뎅, 시골 국수, 착한 떡볶이, 녹두 빈대떡, 열 받은 샤실릭러시아 전통 꼬치고기구이 메뉴가 요란하고, 음식 코너에 인파가 갑자기 밀려와 넘어지지 않고 요리조리 피해 다니며 사 먹는 모습이 시장 골목 같다. 한 무리가 쓸어가더니 또다시 한 무리가 몰려와, 김밥 코너에서는 이날 하루 500개의 김밥을 말았다. 그들도 이렇게 김말이를 많이 해 본 것이 처음일 것이다. 이마에 구슬땀을 흘리며 서로 마음을 모으니 큰 힘이 솟아나 놀라움을 감추지 못했다.

지하실에는 책방, 의류 방, 가정용품 방, 지나가는 사람마다 비닐 주머니에 물건을 가득 담고 횡재한 날처럼 행복한 웃음이 가득한 얼굴이다.

바자회는 은혜롭게 마무리되고 서로의 어깨를 주물러 주며 서로를 격려했다. 주님은 우리의 섬김의 모습을 보시고 얼마나 기뻐하셨을까?

교회 뜰 안이 시장바닥이 되었지만, 우리 마음은 뿌듯하고 행복하기만 하다.

〈생명나무〉 2011년 6월호

에베레스트

 몇 해 전에 네팔에 있는 안나푸르나를 등반할 기회가 있었다. 최소한의 짐만 등에 메고, 신발을 동여매고 마음을 단단히 먹고 등반을 시작했다.

 평지를 지나 좁은 산길을 거쳐 험하고 가파른 절벽 능선을 걸을 때마다 한눈팔면 떨어질 만한 아찔한 순간순간이 어찌 그리도 많은지 걷다가 숨이 차면 멈추고, 다시 걷기를 반복하며 족히 여섯 시간은 걸었다. 그런데, 갑자기 발이 무거워지기 시작했다. 너무 많이 걸어서 발이 무거운가 생각하다가 무심코 발아래를 내려다보니, 신발 뒷창이 떨어져 발을 디딜 때마다 밑창의 무게로 무거움을 느꼈던 것이다. 더 이상 걸을 수가 없었다.

 등반을 하다 혹 쓰일 수 있겠다 싶어 들고 간 비닐 끈이 생각나 임시방편으로 발과 신발을 비닐 끈으로 꽁꽁 묶어서 다시 걷기 시작했다. 하지만, 얼마 가지 않아 설상가상으로 이제는 왼쪽 신발마저 뒷창이 떨어져 걷기가 어려워졌다. 마지막 남은 비상 끈으로 더 단단히 헐떡거리지 않게 묶고, 얼마를 걸었는지 모를 정도로 한참을 걸었다.

해는 서산으로 넘어갈 즈음에 산중턱을 넘어서는 순간 산 아래에 네팔 산지 사람들이 살고 있는 마을이 보였다. 아! 이제 살았구나! 이제 더 이상 너덜너덜해진 등산화를 신고 산행을 할 수 없는 상황이 되었기에, 사막에서 오아시스를 만난 듯 반가워하며, 먼 산 안나푸르나가 보이는 정상을 바라보면서 호흡을 고르고 휴식을 취할 수가 있었다.

마침 우리와 등산을 함께 하는 동행 중에 네팔에서 현지인들을 상대로 의료 사역을 하는 외과의사 선교사가 있었는데 그분의 도움으로 구두를 수선하게 되었다. 어디에서 구했는지 긴 바늘과 굵은 실을 얻어 와서 시원한 그늘 밑에 자리를 깔고 신발 밑창을 깁기 시작했다. 수술실에서 사람의 상처난 곳을 깁듯 정성스레 한 땀 한 땀 신발을 기워가는 손이 어찌나 야무진지 모르겠다. 그 선교사는 등산화 수술은 처음이라며 웃는다. 넋 놓고 지켜보는데 얼마 있지 않아 수술이 마무리되었다.

수선된 신발을 신으니 다시 걷고 싶은 충동이 생겼지만 칠흑 같은 밤이 되었다.

차가운 바람에 옷 사이로 한기가 들 만큼 추워졌다. 모닥불을 피워 놓고, 풀어 놓고 키운 닭백숙을 먹으며 속을 덥게 했다.

그렇다!

산을 오르기 전에 등산화에 이상은 없는지 점검을 해 보았어야 했다. 뒷동산에 가는 것과 에베레스트 산 정상에 오르는 것은 마음의 준비부터가 달라야 한다는 사실을 절실히 깨닫게 되었다.

믿음의 산행을 하는데도 가끔은 경건의 삶으로 산행을 하고 있는지 점검해 볼 필요가 있다고 생각한다.

"그러므로 하늘에 계신 너희 아버지의 온전하심과 같이 너희도 온전하라"마 5:48고 하신 주님의 말씀이 생각난다. 너무나 부담되는 말씀이다. 온전한 사람이 어디 있겠는가?

그렇지만 주님은 여전히 나를 향한 경건의 목표는 하나님의 온전함이라고 하신다. 경건의 에베레스트다.

요즈음 '신약의 잠언'이라고 불리는 야고보서를 읽고 있다. 온전해지는 길을 가르쳐 주시는 말씀으로 가득 차 있다. 진정한 경건은 무엇을 아느냐가 아니라 말씀을 실천해 가는 것이라고 생각한다.

▲ 네팔에 있는 안나푸르나 산 정상

예수님이 습관을 따라 이른 아침 겟세마네 동산에 기도하러 가셨듯 나도 습관을 따라 새벽을 깨우며 경건의 에베레스트를 향해 걸어가고 있다.

🌱 〈생명나무〉 2015년 1월호

2부

빛이
그림을 그리고
갔다

사랑의 말

 사람은 말을 하며 산다. 말은 하나님이 사람에게 주신 선물이며 특권인 동시에, 감정을 자유롭게 표현할 수 있는 대화의 통로가 된다. 사람은 자신이 말하는 대로 살아간다고 한다. 말 한마디로 사람을 살리기도 하고, 사람의 마음을 죽이기도 한다.
 말에는 엄청난 힘이 있다. 잠언 25장 11절은 "경우에 합당한 말은 아로새긴 은 쟁반에 금 사과니라"고 했다. 모스크바를 방문한 한 목사님을 통해 기적의 다섯 마디에 대해서 강의를 들었다. 그 목사님은 칭찬과 지지와 인정과 격려와 감사의 말을 많이 하라고 했다.
 동영상을 보면서 깜짝 놀랐다. 밥을 지어 병에 담아서 한 병에는 칭찬과 지지와 좋은 말을 하고, 한 병에는 듣기 싫고 독을 품은 짜증나는 말을 들려주었다. 일주일 후, 칭찬과 사랑의 말을 들은 밥은 구수한 향기가 났고, 비판하고 미워하고 화내는 말을 들은 밥은 밥알이 썩어서 냄새가 나는 것을 보았다. 그 동영상을 보면서 지금까지 살아오는 동안 나의 말 습관은 어떠했는지를 돌아보게 되었다.

말은 인격이며 그 사람 자체이기에, 혹이라도 성숙하지 못한 언어로 말미암아 하나님 안에서 함께 자라나는 공동체에 덕을 끼치지 못한 부분은 없었는지, 우리의 언어생활이 칭찬과 지지와 인정과 격려와 감사의 말을 자주 하면서 생활하고 있는지, 비판하고 남의 말을 끊어버리고 인정하지 못하는 잘못된 말 습관을 가진 것은 아닌지, 설익은 말로 남의 마음을 아프게 하고 상처를 주지는 않았는지 자신을 돌아본다.

우리는 말을 가려서 해야 하고, 꼭 필요한 말만 하는 지혜가 필요하다. 한번 엎지러진 물은 그릇에 담을 수가 없듯이 한번 내뱉은 말은 되담을 수가 없기 때문이다. 나는 야고보서를 암송하면서 선생이 많이 되지 말라, 말에 실수가 없는 자라야 온전한 사람이다, 말들의 입에 재갈 물리는 것은 우리에게 순종하라고 그 온몸을 제어하는 것이라고 하시는 주님의 말씀 앞에 마음이 숙연해진다. 그래서 요사이는 말을 할 때 한 번 더 생각하고 말을 하는 습관이 생겨났고, 남의 마음을 헤아리는 언어를 쓰려고 노력하고 있다.

때때로 교인 중에 남의 말을 듣고 마음에 상처를 받는 이들을 보면 마음이 많이 아프다. 칼로 베인 상처는 약을 바르고 시간이 지나면 없어지지만, 말의 상처는 치유가 늦기 때문이다. 상대방의 마음을 헤아리지 못하고 습관적으로 생각 없이 한 말들로 말미암아 믿음생활을 하지 못할 정도로 마음이 무너진 자들을 우리는 어떻게 세워갈 것인가? 이들의 무너진 마음을 품고 안으며 이들의 마음이 회복되고 치유되도록 기도하는 것이 숙제로 남아 있다.

말에도 온도가 있듯, 온기가 도는 말은 힘이 나고 용기를 북돋운다.

〈생명나무〉 2012년 3월호

화려하지 않은 행복

　행복은 큰 것에만 있는 것이 아니라, 소소한 일상에서 화려하지 않게 다가오는 것임을 깨닫는 날들이 요사이 부쩍 많아졌다. 꽃씨를 정성껏 화분에 심어 성도와 벗에게 분양해 주는 즐거움과 재미가 쏠쏠해 신명이 난다. 심방 갈 때 아낌없이 주는 나무처럼, 정성스레 키운 꽃을 하나씩 선물로 주다 보면 딸을 시집보내듯 마음 한구석이 아쉽고 섭섭해지지만, 주는 자가 누리는 기쁨이 샘물처럼 솟아오른다.
　분양받은 바이올렛이 시집와서 처음 꽃을 피웠다고 사진을 보내오는 교인도 있다. 그분도 행복하지만, 나의 마음도 기쁨으로 가득 찬다. 작은 일이지만 살맛나는 소식이다.
　2년 전 교회 옆 화단에서 꽃씨를 받아 모종으로 키운 패랭이꽃이 겨울을 지내고 첫여름을 맞았다. 마치 옮겨다 심은 듯 진분홍, 연분홍, 흰빛으로 피어나 들고나는 이들에게 소곤소곤 이야기꽃을 피워 주어 교회 안팎 정원이 환해졌다. 뒷마당에 심은 루핀 꽃도 매혹적인 보랏빛 자태를 뽐내고 튼실하게 자라고 있다. 꽃들도 몸속 모든 빛깔을 토해내고 가을의 문턱에 서 있는 나에게 씨앗을 수확하는 작은 기쁨을 선사한다. 꽃씨 한 톨 땅에 떨어질세라 조심조심 비닐봉지에 담아 이름을 써 가며, 행복을 선물하는 꽃씨들에게도 감사를 전한다. 내년이면 이 꽃씨도 누군가에게 전해져 행복을 선사할 것이다. 꽃들은 자기가 언제 피어야 할지를 어찌 이리도 잘 아는지!

 섬세한 마음으로 꽃을 관찰하다 보면 우주의 이치를 깨닫게 된다. 모두에게 들려주는 작은 이야기를, 듣지도 느끼지도 못하고 사는 많은 이들을 보면 영혼이 불쌍해 보인다. 하지만, 나에게 우주의 이치를 깨닫게 해 주는 꽃과 대화는 싱그러움이 묻어나 마음이 경건해지기까지 한다. 영혼을 촉촉하게 해 주는 말씀만큼이나 나의 삶에 풍요가 밀려와, 살 힘이 생기고, 용기가 불끈불끈 솟아난다.

 어제는 그리도 가고 싶었던 친구네 다차주말 전원주택에 가서 내 집마냥 대문을 활짝 열고 들어갔다. 가을꽃들이 나를 반겨주었다. 왜 이리 오랜만에 왔냐는 들꽃들의 아우성에 고향 부모님을 찾은 듯 포근함이 느껴졌다.

 집 주위를 한 바퀴 돌아보며 오늘은 무얼 도와줄까 생각하는데 정리되지 않아 어수선해 보이는, 말라 있는 꽃 화분이 내 눈에 들어 왔다. 화분을 정리하기로 마음먹었다. 숨 돌릴 겨를도 없이 흙내음 가득한 앞마당 볕이 잘 드는 처마 밑에, 붉은 벽돌로 바닥을 만들었다. 그리고 높낮이가 다른 꽃들을 이리저리 옮겨다 놓으며 내 집 꾸미듯 마음을 쏟아 정리하고 나니 힘은 들었지만 멋있는 화단이 만들어져 모두에게 기쁨이 되었다. 남을 돕는 일은 서로를 향한 끈끈한 사랑의 고리가 되는 법이다.

꽃과 인연만큼이나 채소와의 사연도 각별하다. 러시아의 가을에 텃밭에서 자란 상추와 깻잎과 부추를 먹을 수 있는 날은 행운이다. 땅집러시아 사람들은 전원주택을 '땅집'이라고 부른다에 살고 계신 권사님이 주일 오후, 점심으로 풍성한 먹거리 채소를 제공해 주어서 성도들을 행복하게 하는 날이 종종 있다. 고마운 마음에 텃밭에 심으라고 고추 모종을 한 움큼 화분에 담아 드렸다. 가끔은 작은 교회 텃밭에서 자란 깻잎을 따서 은혜 베푼 이들에게 기쁨을 선사할 기회를 갖기도 한다.

행복을 전하며 살기로 마음먹은 나는 요사이 또 다른 즐거움을 경험하고 있다. 야채 소스를 만들어 새로운 소스 맛을 선사하는 일이다. 다양한 양념 재료들을 섞어서 나만의 독특한 레시피를 만드는 소스 사랑에 푹 빠져 있다. 반응도 좋고 맛있다고들 한다.

이런 작은 행복이 화려하지는 않지만 소소한 일상의 즐거움이 되어 마음에 여유를 찾는 삶의 지혜로 이어지고 있다. 행복을 전하는 나만의 즐거움을 찾은 셈이다. 기쁨과 행복을 찾는 일도 주의 일임을 기억하자!

앞만 보고 달려만 갈 것이 아니라 가던 걸음을 잠시 멈추고, 주위를 돌아보며 행복을 전할 수 있는 나만의 레시피는 없을까? 생각하며, 산책로 작은 분수대 앞 나무 의자에 걸터앉아 행복한 웃음을 머금어 본다.

🌱 〈생명나무〉 2014년 9월호

거룩한 헤어짐

우리 교회는 교인들 중 대기업 주재원이나 외교관으로 나와 있는 사람들이 많아서 3년에서 5년 사이에 90퍼센트 이상의 교인이 교체되는 독특한 공동체 교회다. 그러다 보니 교인 중에는 이 교회를 나의 교회로 생각하고 비록 짧은 기간이지만 마음과 정성을 다해 섬겨, 떠나갈 때 아쉬움을 남기는 사람이 있는가 하면 그저 자기의 일만 하다가 가는 사람, 그리고 떠난다 해도 아쉬움이 없는 사람으로 구분된다.

인생에도 시작이 있고 끝이 있듯, 만남이 있으면 헤어짐이 있다. 모세의 삶에서도 이스라엘 백성들과 아름다운 만남의 시작이 있어 애굽을 나와 광야를 행진하면서 그들과 삶의 모든 희로애락을 같이 했었던 시절이 있었고, 가나안 진입을 앞두고 마지막 고별 설교를 하면서 인생의 황혼기를 은혜로 잘 마무리하기도 했다.

지금 생각하니 지난 5년간, 아름다운 섬김의 모범을 보여주어 우리에게 아쉬움을 남겼기에 떠나보내기 참 아쉬웠던 권사님 한 분이 생각난다. 그분은 넉넉한 웃음과 함께 베풀며 사시는 걸음걸음의 주인으로, 곁에 가까이 있고 싶고 이야기하고 싶은 온유한 성품을 소유하였다. 말씀을 곁에 두고 큐티를 생활화하도록 성도들에게 신앙의 묘목을 심어 주신 그 권사님의 걸음이 모세의 걸음만큼이나 거룩해 보인다.

마지막까지 마음을 다해 자신의 본분을 잘 마치고 귀국한 그녀의 삶이 이처럼 귀하고 소중하게 여겨지는 것은 그의 섬김이 주를 위한 것이었기 때문이리라. 늘 있어야 할 그 자리에 서 계시던 그의 삶이 잔잔한 감동으로 기억되어 주님은 떠나가는 그녀를 많이 축복해 주시리라 믿는다.

떠나기 전 주일, 봉헌송으로 아쉬운 헤어짐의 마음을 알아차린 듯 성가대원들이 부른 찬양 가사 한 소절 소절이 합창으로 울려퍼질 때 눈시울이 뜨거워졌다. 이런 삶을 나도 살아가리라 다짐하며 불렀던 가사가 오래오래 기억에 남는다.

> 이 세상 어딜 가든지 어디서 무얼 하든지
> 주는 항상 나와 함께 동행하여 주시네
> 능력의 주께서 나를 사랑의 주께서 너를
> 인도하여 축복하시리
> 오 능력의 주님 사랑의 주
> 이 세상 어디든 주님 함께 언제나 동행하여 주시리

떠나는 날 아침까지 마지막 기도회 모임을 인도하며, 한국

교회의 예배가 회복되어 복음의 진리 앞에 정직하고 바른 믿음을 소유하도록 기도하며, 믿는 자들이 변화되어 세상이 물질만능주의로 변해 무엇을 위해 어디로 가고 있는지 방향을 잃어버린 시대에서 자라는 우리 자녀들이 세상에 물들지 않고 믿음으로 세상을 이기고 헤쳐갈 수 있는 담대함을 달라고 기도한 것이 생각난다.

모세가 마지막 고별 설교를 했듯 그녀는 마지막 선교사 명을 잘 감당하라고 고별기도를 하고 떠났다.

그녀가 마지막을 잘 마무리했던 것처럼 나도 나의 마지막 사역에 'Finishing Well' 했노라고 고백할 수 있는 자로 서가기 위해 마음의 옷깃을 여며 본다.

〈생명나무〉 2011년 7월호

사모님은 무엇 하는 사람이에요?

어느 날 교회 사무원이 "사모님은 무엇 하는 사람이에요?" 라고 물은 일이 있다. 이 사무원은 러시아인이며, 러시아 정교회에 다니는 여자 분이다. 나를 이곳까지 오게 하신 주님의 사명을 깨닫게 하는 질문이었다. 내 책상은 평상시 책을 읽고 적어둔 좋은 글귀와 종이와 물감으로 어수선할 때가 자주 있다. 말린 낙엽이 수북이 쌓여 있을 때도 있고, 자투리 천과 물들인 한지와 우드락으로 가득할 때도 있다. 이런 모습을 지켜보면서 도대체 사모님은 무엇 하는 사람인지 많이 궁금했나 보다.

그날은 진정 나의 정체성을 드러내며 주님을 소개하는 시간이 되었다. 주님이 나에게 어린 시절부터 예술적 감각을 주셔서 다른 사람이 하지 못하는 예술 활동을 통해 하나님이 창조하신 아름다움을 표현하고 사람들에게 주님을 알리고, 삶의 의미를 깨달아 가도록 작은 섬김을 하는 하나님의 사람이라고 대답했다. 그리고 '그동안 러시아 정부 기관에 필요한 행정과 회계 업무를 담당할 좋은 사람이 없어서 오랫동안 기도했는데, 하나님이 나의 기도를 들으시고 당신 같은 좋은 사람을 보내어 주셨다'고 했다. 내 말을 듣고 그녀는 감동하여 눈시울을 붉혔다.

리더십 전문가인 존 맥스웰은 《위대한 영향력》이라는 책에서 "성공은 영향력이다"라고 했다. 영향력을 미친다는 것은 내가 처해 있는 환경과 내 주위에 있는 사람들에게 선한 영향을 끼치는 것이다. 나는 이 날 하루, 한사람에게 선한 영향력을 주었다는 생각에 얼마나 기뻤는지 모른다.

나는 어릴 때부터 그림 그리기를 좋아했다. 그래서 미술부에서 활동을 많이 했다. 삶에 활력이 되는 예술 활동을 통해 아름다움을 선사하고 행복을 전하는 예술인으로 걸어가고 싶은 것이 내 꿈이었다. 하지만 28년 전에 선교사로 떠나면서 나의 꿈을 내려놓았다. 그러나 지난날을 되돌아보니 또 다른 영역에서 예술 활동을 하고 있는 나의 모습을 보게 되었고, 이제는 삶 자체가 예술이라는 마음으로 감동을 전하며 살고 있다. 이것이 나의 사명이며 내가 받은 달란트라고 여긴다.

요즈음은 문득문득 더 구체적인 나만의 예술 활동을 하고 싶다는 생각이 들 때도 있다. 하지만, 내가 처한 환경에서 내 주위의 많은 사람에게 예술적 감동을 주는 삶을 사는 그 자체가 더 감사한 일이라고 생각하면서 위로를 받는다. 주님은 나의 이런 마음을 읽으시고 예술적 감각과 영감을 더 키워 가시려고 예술성이 뛰어난 러시아로 인도하셨다. 기도의 응답인 동시에 전적인 하나님의 은혜이다. 삶에는 늦은 때가 없다. 지금이 가장 적합한 때다. 자신의 달란트로 선한 영향력을 미치며 성공적 삶을 살자고 나는 다시금 다짐한다.

어느 날 한 집사와 식사하는 자리에서 그에게 "주위에 어렵고 힘들게 살아가는 고려인 후손들을 보면서 자녀교육도 제대로 하지 못하는 그들에게 양질의 교육을 무료로 제공해 주는 학교를 세워 섬기고 싶다"는 말을 들었다. 매일의 삶에 쫓기듯이 일에 떠밀려 살아가는 자가 아니라, '사명이 이끄는 삶'을 살아가는 그의 마음의 소원이 이루어지기를 기도했다.

선교의 걸음을 걸어오면서 "우리가 선을 행하되 낙심하지 말지니 포기하지 아니하면 때가 이르매 거두리라"갈 6:9는 말씀을 붙들고 하나님의 부요가 채워지기를 기도하고 있다.

〈생명나무〉 2012년 7월호

우리의 동포 고려인

러시아 땅에는 고려인이 많이 살고 있다. 이들은 자의가 아닌, 타의에 의해 시베리아로 강제 이주된 동포의 후예이다. 그들의 조상들은 기차에 강제로 태워져 러시아 중앙아시아의 사람이 살지 않는 허허벌판에 버려져 그곳에서 땅을 개간하고 죽지 못해 생을 연명해 온 분들이다. 아무것도 없이 빈 몸으로 던져진 처지여서, 마음에 아픔을 안고 살아온, 어려운 역경을 굽이굽이 넘어온 자들이다.

중앙아시아에서 이민 온 고려인의 지난 삶을 들여다보며 깨달은 바가 많다. 이제는 이들을 고려인이라고 부르기보다는 '재외동포'라고 불러야 한다. 이제 더 이상 이들이 외롭지 않게 살도록 한민족 된 마음으로 이들을 품고 안아야 한다. 이 땅에 살고 있는 우리는 이들의 아픈 과거를 묻지 말고 안아주고 품어주고 보듬어내는 어머니의 마음을 가져야 한다. 우리는 이들로 인해 힘든 외국생활에 얼마나 많은 도움을 받고 살고 있는가?

이들의 사고가 우리와 좀 다르다고 해서 이들을 무시하고 업신여기는 생각을 조금이라도 한다면, 한민족 된 우리의 본모습이 아님을 깊이 깨달아야 한다.

이들의 슬픔이 나의 슬픔이며 이들의 고통이 나의 고통이기에, 이들을 우리가 품고 보살펴야 한다. 몇 세대를 거치며 외롭고 힘겹게 살아온 걸음의 주인들이기에 더욱 그렇다.

이들의 조상들이, 버려진 땅에서 가진 것 없는 몸으로, 땅을 일구고 곡식을 심으며 채소 키우는 일이 본업이 되기까지 겪은 고통과 수고와 아픔을 그 누가 알겠는가?

몇 세대를 거쳐 사람답게 살 수 있는 환경이 되기까지, 눈물 흘리며 뼈를 깎는 아픔이 있었기에 홀로서기를 할 수 있었을 것이다.

이들이 없었다면 우리는 동토의 땅, 가시와 엉겅퀴가 많은 이 척박한 땅에서 어떻게 생활할 수 있겠는가? 철따라 이들이 키운 배추, 무, 부추, 깻잎, 갓 등 우리의 입맛에 맞는 채소를 먹을 때마다 감사한 마음이 밀려 온다.

가끔씩 나이가 많은 고려인을 초대해 이들을 위로하며 격려하는 시간을 갖고 있다. 한국어를 아는 이들도 있고 잘 못하는 분들도 많다. 이들이 고향을 그리며 부르는 〈고향의 봄〉 노래는 50년의 세월을 타향에서 눈물겹게 살아온 아련한 추억이 묻어난 애절한 메아리가 되어 마음을 울컥하게 한다.

어떻게 하면 이들의 마음을 더 잘 보듬을 수 있을까? 세월이 준 아픔의 날들을 어떻게 더 잘 품을 수 있을 것인가? 아무도 세월을 되돌릴 수도 과거로 돌아갈 수도 없지만, 오직 복음의 기쁜 소식만이 이들의 삶에 온전한 평화가 깃들게 할 수 있을 것이라고 생각한다.

　이들이 때론 나의 부모님 같다. 부모님 같은 이분들을 깊이 사랑하고 싶다. 우리는 이분들의 아들과 딸이 아닌가? 젊은 시절, 복음의 길에 접어든 우리의 걸음도 이들의 삶과 무관하지 않음을 깨닫게 하심도 이들을 만나고부터 알게 되었다.

　타국에서 불편한 마음으로 살아간다는 것은 주님을 의지하지 않고는 감당할 수 없는 여정이다. 성경에도 고향이 아닌 타향에서 살았던 사람이 많다. 아브라함이 그랬고, 이삭과 야곱이 이런 삶을 살았다. 야곱의 아들 요셉도 노예로 팔려 애굽에서 살게 되었다. 그는 믿음이 있었기에, 그리고 하나님이 그의 생을 축복하셨고 그와 함께하셨기에, 남의 나라에서 총리까지 되었다. 그의 삶이 평탄하지만은 않았다. 어려움과 고난도 있었고 감옥에 들어가는 일도 있었다. 하지만, 이런 삶이 결코 슬픔이고 어려움만은 아니다. 그는 이스라엘을 구원하기 위해 먼저 보냄받은 자였다.

　그렇다. 이 땅에 살고 있는 고려인도 우리를 돕기 위해 먼저 보냄받은 자들이다. 이 얼마나 놀라운 주의 섭리인가?

🌱 〈생명나무〉 2011년 11월호

복 터진 날

　심방하는 날은 말씀과 은혜의 복이 터지는 날이다. 하루에 설교를 서너 번 듣기에 더욱 그렇다. 새 성도가 많아지면서 가을부터 구역별로 심방이 시작되었다. 제일 먼저 부탁받은 곳이 이사한 지 한 달 된, 한 집사의 집이었다. 갑자기 집주인이 집을 팔겠다고 해서, 일주일 만에 집을 구하고 이사하고 정리한 집이다.

　한 주간 동안 이사를 어떻게 했는지도 모르게 지내다가 정신을 차리고 보니 이사가 되어 있었다고 했다. 이사를 하고 나니, 6월이면 고국으로 돌아가야 하는 형편이 되어 마음이 더 많이 분주하다고 했다. 얼마 남지 않은 기간이지만 새롭게 이사 온 집에 잘 적응하고 집 주인과 좋은 관계를 맺고 싶다고 했다. 그리고 러시아에 머문 시간이 나그네의 인생이었음을 뼈저리게 느끼며, 은혜로 잘 지냈노라 고백할 수 있었으면 좋겠다고 했다.

　고국에서 사는 것과 타국에서 삶은 확실히 다르다. 타국 생활은 언어와 문화와 생활환경이 달라 모든 것이 낯설고 어설프고, 편리를 담보로 불편을 감수하고 인내로 살아가야 하는 길이다. 때로는 외롭고 버겁고 가슴 아픈 일들이 있어도 기대고 의지할 곳 없어 오직 '주바라기'로 살아야 하는 삶이다.

새로운 환경에 잘 적응해 삶의 리듬을 회복해야 하는, 에너지가 소모되는 기간을 거쳐야 안정을 되찾을 수가 있다. 사람은 누구나 안정된 것을 좋아한다. 일상이 습관 되어 행해지는 삶의 리듬이 있는 곳을 누구나 선호한다. 깊이 생각하지 않아도 살아갈 수 있는 편리함이 묻어난 곳을 좋아하는 것이 사람의 심리이다. 하지만 이사로 인해 새롭게 적응해야 하는 길목에 서신 한 집사님을 생각하니 시편 127편 1-2절 말씀이 새록새록 기억난다.

"여호와께서 집을 세우지 아니하시면 세우는 자의 수고가 헛되며 여호와께서 성을 지키지 아니하시면 파수꾼의 깨어 있음이 헛되도다 너희가 일찍이 일어나고 늦게 누우며 수고의 떡을 먹음이 헛되도다 그러므로 여호와께서 그의 사랑하시는 자에게는 잠을 주시는도다"

심방을 통해 이전보다 한 성도를 더 깊이 알아가고 기도할 수 있는 귀한 만남을 주심에 감사하고 있다. 이 집사님처럼 나도 이사를 준비 중에 있다. 외국에서의 이사가 아니라, 국내 이사다. 아들의 결혼과 맞물려 직장과 가까운 곳으로 이사하려고 짐을 정리 중에 있다. 족히 다섯 사람은 거쳐간 집이었기에 그들이 남겨놓은 묵은 짐이 얼마나 많은지…. 1984년 인도네시아로 떠났다가 돌아올 때 챙겨온 삶의 흔적까지 박스 속에 숨을 쉬지 못하고 있는데, 그 묵은 짐도 풀어 헤치고 있다.

작은 것을 소중하게 여기는 나에게 버리지 못하고 상자 속에 꼭꼭 숨겨두었던 앨범과 졸업장, 가족들의 묵은 패스포트와 선교와 관련된 글과 사진과 선교지 물건들이 가득 차 있었다. 짐을 풀어 헤치고 나니 '이렇게 많은 것들을 끼고 살았구나!' 싶었다. 이제 과감하게 버리고 소중한 것만 챙겨야 하는 큰 결심이 필요한 시간, 내년이면 선교 30년을 맞게 되어 작은 책자를 내보리라 꿈꾸며 이곳저곳에 흩어두어 챙겨오지 못한 부족한 자료들 때문에 염려하던 차에, 짐 꾸러미 속에서 빛 보지 못한 소중한 글감과 자료들을 찾게 하시려고 짐을 챙기게 하다니, 이 얼마나 놀라우신 인도함인가? 이 모든 자료들이 오랜 세월 동안 그늘 속에 잠자고 있었으니….

더욱이 9년간의 선교 본부 사역 중에 전 세계에 흩어져 있는 사모들과 일상의 삶을 이야기하며 소담하게 주고받은 사랑의 마음들이 9권의 노트에 가득 차 있음을 발견하고, 빛바랜 사진과 글 속에서 옛 친구를 만난 듯 시간 흘러가는 줄 모른 채 따뜻한 이야기를 읽으며 눈물을 훔치고 있다.

이 귀한 글들을 읽으며 영혼을 살찌우도록 허락하신 시간은 진정 복 터진 날임에 틀림이 없다.

🌱 〈생명나무〉 2014년 2월호

빛이 그림을 그리고 갔다

빛이 그림을 그리고 갔다.

빛을 안고 걸으니 하나님이 창조하신 아름다움이 눈과 가슴에 와 닿는다.

모든 물체가 빛을 받으니 색이 있고, 눈높이를 낮추니 보이지 않던 세계가 보인다.

빛이 잎 사이로 비집고 들어와 얼굴을 내민다.

가장 아름다운 모습 보이려고 잎들도 몸을 추스른다.

잎과 잎 사이를 지나는 빛은 누구에게 어떤 빛을 보낼까 고민하는 것 같다.

낮은 잎에 숨어 있는 이슬방울은 가장 아름다운 잎을 찾기 위해 숨바꼭질하는 것 같다.

그 영롱한 빛을 머금은 투영된 모습을 내비친다.

아, 이리도 아름다운 빛을 담고 있는 이들이 있던 것을 나는 왜 이제야 알게 된 것일까?

한 번도 본적이 없는 모습, 잎새에 달려 있는 물방울 이슬

속에 투영된 자신을 자연의 거울 앞에 비추어 본다.

얼마나 맑고 깨끗한지 내 속마음까지도 보여준다.

더럽고 누추한 내 속의 잔재가 맑은 이슬방울에 비추어져 부끄러움을 감출 수가 없다.

이슬방울은 저마다 속삭이며 이야기한다.

이른 새벽 햇볕이 수줍은 모습으로 얼굴을 막 내미는 순간 이슬방울은 자신의 몸이 점점 사라짐을 안타까워하며 옆 친구에게 더 가까이 다가가 사랑을 속삭인다.

따스한 빛에 못 이겨 사라져 버리는 작은 이슬방울, 난 영롱한 이슬방울 속에서 너무나 많은 이야기를 듣게 된다.

난 울음이 터질 것 같다.

주체하기 힘든 벅찬 감동으로 주저앉는다.

이름 없이 피어 있는 작은 들꽃은 누구에게 따뜻한 눈길 한번 주지 않아도 오직 빛 하나에 끌려 온 땅을 수놓고 있다.

이 작은 것들도 저마다의 모양과 빛깔로 하나님을 찬양한다.

작은 몸짓 하나하나에는 작은 것에만 있는 섬세한 잔잔함이 있고 그들만이 지닌 향기와 아름다움으로 가득 차 있다.

그 작은 꽃들 속에서 그분의 숨소리가 들린다.

가장 낮은 자리에서 가장 조용하고 가장 작은 귀를 가진 자에게 들리는 숨소리다.

파르르 떨리는 파장에서 그분의 손길이 보인다.

끝없이 기다리며 만나길 원하는 자에게만 보여주는 모습이다.

작은 이슬이 또르르 구르며 말한다.

넌 참 행운아야.

이 작은 파장을 볼 수 있다니,

그래 정말 난 행운아다.

아무에게나 보여주지 않는 그분의 손길과 숨결을 들으며 다시 무릎을 낮춘다.

꽃은 이제야 모든 걸 드러낸다.

좀 더 가까이 다가오길 허락한다.

온몸을 다 벌려주며 원하는 대로 주려 한다.

꽃과 내가 하나가 된다.

아니 그 꽃 안에 친히 함께하신 그분과도 하나가 된다.

수많은 꽃들이 저마다 모양새가 다르고 빛이 다르다.

그 다른 빛들이 또다시 우리를 끌어들인다.

그러나 저들은 어느 누구에게도 자신을 드러내려고도 아름다움을 자랑하려고도 하지 않는다.

언제나 그 자리에서 조용히 그냥 서 있을 뿐이다.

그 겸손하고 조용한 모습을 닮고 싶다.

그동안 나는 얼마나 오만하였던가?

눈에 보이는 것에 얼마나 오해가 있었던가?

바라보이는 것만으로 평가하며 한계를 그어 왔던 어리석음,

크고 화려하고 거창한 것만이 하나님의 솜씨인 줄 알았던 무지,

그분의 진정한 창조의 섭리를 나는 도무지 알지 못하였다.

이 놀라움!

또 다른 세계를 보는 것과 같은 감동으로 나는 내 마음을 다잡을 수가 없다.

보시기에 심히 좋았더라고 하시던 그분의 것들을 제멋대로 망치고 밟아버린 무지한 우리에게 아직도 들려주시는 음성이 있다니 참 놀라운 깨침이다.

빛이 가는 곳에 눈길이 머물면 얼마든지 볼 수 있는 감격의 모습들!

난 오늘도 들꽃 무리 속에서 우주보다 더 크고 위대한 아름다움을 본다.

훔쳐본 아버지의 마음

"아버지의 마음은 먹칠을 한 유리겠지요. 그래서 잘 깨지기도 하지만, 속이 잘 보이지 않으니까요. 아버지는 울 장소가 없기에 슬픈 사람이라 여겨져요. 일상에서 마음을 쉽게 내 보이지 않는 사람이니까요. 아니면 쉽게 마음을 나타내지 못하는 것일까요?"

"아버지의 웃음은 어머니의 웃음보다 두 배나 농도가 짙고 울음은 열 배나 될 것입니다."

"아버지는 가정에서 어른인 체해야 하지만 친한 친구나 맘이 통하는 사람을 만나면 소년이 된다는 사실, 어머니의 가슴은 봄과 여름을 왔다 갔다 하지만, 아버지의 마음은 가을과 겨울을 오고 가지요. 아버지는 뒷동산의 바위 같은 이름이며 시골 마을 느티나무 같은 크나큰 이름입니다."

아버지의 마음을 이렇게 진솔하게 표현해 놓은 글을 읽고, 올 여름 딸을 결혼시켜 떠나보낸 아버지남편의 심정이 이러했으리라 여겨진다. 진정 그렇다. 속마음을 잘 드러내지 않는 그 마음속에는 울음보가 터지지 않았을까?

가슴팍에 새겨진 26년이란 세월의 잔상이 고스란히 박혀 있기에 쉬 떠나 보낼 수 없지만, 믿음으로 든든하게 자라준 딸이 주님이 원하시는 아름다운 가정을 이루어 가는 데 부모 된 우리가 맘껏 축복해 주어 복의 통로가 되어야 한다.

하지만 딸을 보내는 첫 마음은 억장이 무너지는 듯했다. 온종일 울음보가 터졌다. 하지만 생각을 바꾸기로 했다. 비전이 보이는 믿음 좋은 멋있는 아들이 우리 가정에 들어와 힘이 되어 준다고 생각하니 마음이 편해졌다. 딸이 부모에게 장문의 편지를 결혼 하루 전날 주었다.

"아빠 엄마! 제가 떠난다고 너무 서운해 하지 마세요. 제가 떠나는 것이 아니라 우리 모두를 지원할 아들이 한 명 더 생겼잖아요. 아빠 엄마의 딸은 영원히 두 분 편이라구요."

고맙고 예쁜 딸의 마음을 새겨듣기로 했다. 고 작은 손으로 청첩장을 만들어 자르고 붙이고, 결혼식순도 이 세상에 단 하나밖에 없는 앙증스럽고 귀여운 형태로 손 안에 쏙 들어가게 만들었다. 자연을 닮은 연두, 베이지, 연분홍 파스텔로 밤마다 이야기꽃 피워가며 함께 만들었던 시간들이 행복이고 즐거운 추억이 되었다.

사명 따라 살아가기로….
예배드리는 자로 살아가리라고….

예수님 닮는 삶을 살겠노라고….

예수님 기뻐하는 삶을 살고 싶어 하는….

딸과 사위를 보면서 '이들의 삶의 주인이 아버지임을 알고, 저희와 함께 동역하며 서로에게 선한 영향력을 미치며 걸어갈 수 있겠구나!' 하는 든든한 생각이 들었다. 진정 이들의 걸음은 축복이 될 것이다.

이들을 바라보는 아버지의 마음은 먹구름이 아니라 먹구름이 지나간 찬란한 햇살인 것을 바라보게 되었다.

진정 하늘에 계신 우리 아버지 마음도 이런 마음이지 않을까?

먼 곳에 사는 선교사님이 이런 축복의 글을 보내주었다.

"먼 나라에서 날아온 한 통의 메일은 기쁜 소식을 담은 반가움입니다. e카드 청첩장을 열어본 순간 은빛 햇살 부서져 내리는 아름다운 초원에서 마주 잡은 손! 태초에 정하시고 예비하신 은혜가 쏟아지는 듯 새벽이슬 같은 한 쌍이네요."

새로운 가정을 이룬 이들이, 우리가 걸어가는 선교의 여정에 힘이 되고, 위로가 되고, 동역애同役愛를 느끼며 함께 선한 길을 걸어가겠다고 생각하니, 기쁨의 눈물이 솟구쳐 나온다.

나는 딸을 시집보내는 아버지의 마음을 훔쳐보았다.

〈생명나무〉 2013년 10월호

고향 잃은 사람들

산이 나를 부른다.
내 안에 산이 걸어온다.
산 속에 들면 산을 볼 수 없음에도
산을 호흡하러 산을 이고 간다.
내가 산 안으로 걸어간다.
산에 들면 모두가 착해진다.
사람도 착해지고
슬픔도 기쁨도 착해진다.

산은 고대의 햇살과 중세의 바람이
씨름하는 곳

간혹 헛딛기도 하는
기사의 칼날 같은 발자국 딛고서

나는
나무가 되고
맑은 물이 되고

견고한 바위가 된다.

고향 산을 찾으며 자주 느끼는 나의 감상을 〈산〉이라는 시로 써 보았다.

책꽂이에 꽂혀 있는, 전광식 교수님의 책 《고향》에서 책의 제목이 된 〈고향〉이라는 글을 읽으며 고향에 대한 그의 생각을 여기에 옮겨 본다.

> 고향은 나를 보듬어주고 품어주고 감싸 준다. 고향은 마음의 집이 있고, 정겨운 친구가 있다. 고향은 세속적으로 가난하지만 자연과 정서로는 가슴 벅차게 다가오는 곳이다.
> 나는 고향이라는 언덕을 감성의 지팡이로 산책도 하며, 지성의 곡괭이로 파 들어가는 심정으로 고향을 그리워한다. 내 향수의 서정은 글밭 모든 이랑에 숨어 있다.
> 고향은 써야 할 글 주제가 아니라, 있어야 하고, 누려야 하고, 쉬어야 할 곳이다. 고향은 평화로움이며, 푸근함이 살아 역동하는 곳이다. 추억의 삶이 결부되어 있는 곳이며, 순수의 지평을 안고 있는 곳이다. 개인의 인격이 자란 곳이며, 삶이 이뤄진 공간이기도 하다.
> 고향은 우리가 자라고 우리를 성장시켜 준 곳이며 우리를 우리 되게 빚어준 정신의 집이기도 하다. 고향은 누구에 의해 무엇이 행해지고 이뤄진 곳이며, 인생관과 세계관이 자리매김한 곳이기도 하다. 시공간을 초월하여 삶의 내음이 베인 곳이며, 정감이 담긴 곳이다.
> 우리는 왜 원초적이고 근원적인 존재의 집인 고향을 사모하며

잊지 못하는 것일까.

바로 이곳은 우리가 빚어진 곳이며, 어린 시절 정서가 숨 쉬던 곳이며, 꿈을 먹고 끈끈한 정이 존재하는 곳이기에 우리 모두에게는 지금도 고향은 내 속에 살아 있다.

마음의 고향, 누구나 소유하고 있는 영혼의 집이기에 더욱 애착이 가는지도 모른다.

낮은 동산에 잔잔히 흐르는 개울물에 멱도 감고, 고기도 잡으며, 물장난 치던 추억의 장소. 그곳은 벗이 있고, 그리움이 묻어 있다. 숨이 쉬어지는 곳, 마음에 안정을 찾는 곳, 산 위로 피어오르는 뭉게구름 사이로 야호! 소리 지르며 굴렁쇠 굴리며 논길 따라 가던 그곳, 안개 낀 산마루에 어깨 내민 구름과 꿈을 먹던 그곳, 도란거리며 흐르는 도랑물 바위 사이로 흐르는 냇가에 발 담그고 조가비 주우며 고기들과 이야기하던 그곳, 꽃과 잎사귀로 밥 지으며 소꿉놀이하던 추억이 고스란히 담겨 있는 마음의 집이다. 모든 것이 그립고 가슴 아리도록 가 보고 싶은 곳이다.

하지만 우리는 지금 어떠한가?

고향을 잊고 지낸 세월, 고향을 마음 밑바닥에 묻어두고 겉만 드러내며 살고 있다. 고향을 등지고 보낸 세월에 우리 마음을 묻고 잊혀진 세월을 탓하며 지내고 있다. 우리는 너무나 많은 것을 잃어버리고, 기억을 상실한 현실을 맞고 있다.

누구의 탓도 아닌, 현대 문명이 앗아간, 거친 흔적들이다.

우리는 고향만 잃은 것이 아니라 감정적 유대와 공동체 의식, 자기 동질성, 자기 존재 근원을 잃어가는지도 모른다. 인생의 여정에는 상실의 아픔을 누구나 통과한다.

소중히 여겼던 것을 잃는 경험, 고통의 터널을 지나야만 하는 시간들, 우리는 이 시간을 인내하며 축복의 통로로 전환하고 있는 귀로에 서 있는지도 모른다.

그래서 경험을 가치 있는 산 체험이라 했던가?

삶을 살면서 인생을 풍요롭게 의미 있게 살려면 많은 경험을 쌓아야 하리라.

고향 산을 오르기 위해서라도 힘써 쌓아 두어야 하리라. 내일의 인생을 위해서도 그리 해야 하리라.

이제 우리는 잃은 것에 대한 아픔으로만 지나기에는 짧은 인생이기에 여기서 허우적거리며 아픔을 안고만 있을 수는 없다. 이제는 잃은 것에 대한 그리움에 묻혀 살 것이 아니라, 극복해서 무언가를 찾아야만 한다. 고독하게 내몰아가는 존재를 회복하며 잃어버린 것보다 남아 있는 것에 대한 감사를 찾아야 한다.

있는 것에 대한 감사와 생각의 전환은 우리가 극복해 가야 할 숙제인지도 모른다.

고향을 꿈꾸는 우리에게 잃어버린 것을 기억하라고 주님은 지금도 우리를 찾는다. 하지만 우리 속에 무엇이 남아 있는가를 발견하는 영혼을 더욱 찾으시는지도 모른다. 잃어버린 것보다도, 아직도 남아 있는 것들을 통해 역사하신다는 사실을 우리는 한시도 잊어서는 안 된다. 하나님은 우리에게 없는 것을 요구하지 않으시고, 아직도 남아 있는 것을 물으신다. 이것으로 하나님의 일을 하라고 명하신다.

　아직도 잃은 것을 원망하며, 희망 없이 주저앉아 있지는 않은지 자신을 돌아보아야 한다. 그리해서 진정한 고향인 그 본향에 가기까지 부단히 인내하며, 고향이 존재의 출발이며, 뿌리이며, 중심인 것을 깨달아 가자.

공명共鳴 효과效果

엄마 손을 잡고 있던 아기가 아장아장 나에게로 걸어온다. 나는 몸을 낮추고 눈높이를 아이 눈에 맞추어 걸어오는 모습을 지켜보다가 와락 껴안으며 "사랑해!"라고 말했다.

아기는 고사리 손에 움켜쥔 과자 하나를 입에 넣어 준다.

눈맞춤을 하고 맛있게 과자 먹는 모습을 지켜보던 아기는 환한 웃음을 머금고 엄마에게로 달려간다. 따뜻한 관심과 사랑을 전해 받은 하루, 온종일 마음이 따스했다.

나도 성도들에게 이 아기처럼 나눔의 꽃을 전하며 살고픈 마음이 뭉글뭉글 피어올랐다. 이 사랑이 전해져 한 사람이 두 사람에게, 두 사람이 네 사람에게 퍼져가고 향기를 발한다면 감동의 공명효과는 퍼지고 더 퍼지리라 여기며 사랑을 실천해 가고 있다.

한 아기의 손에 들린 작은 과자 하나, 보잘것없고 아주 작은 것이지만 사랑으로 달려온 아기의 마음처럼 받는 이에게 기쁨이 되고 행복을 전하는 자로 우리도 누군가에게 사랑을 담아 달려간다면 그곳에 꽃이 피고 군락을 이루어 더 풍성한 향기를 전하며 살 것이다.

이웃의 아픔과 고통을 넓은 마음으로 품어낼 수 있는 사랑의 사람인 아버지의 마음이 아닐까? 기쁨과 희망을 배달하며 살기 위해서 은혜의 강물에 젖어 살아야 한다. 꽃 피는 울림이 따뜻한 남쪽 나라에서 북쪽으로 올라가듯 사랑과 섬김의 불꽃도 마음이 따뜻한 사람을 통해 퍼지고 전해진다. 메마른 영혼을 안아주는 따뜻한 일이기에 주님은 얼마나 기뻐하실까?

어느 날 한 성도가, 내가 보내준 생일 메시지를 읽고, 감동이 밀려와 읽고 또 읽었다고 했다. 만일 벅찬 감동을 혼자만 삭이고 묵혀 두었다면 더 큰 감격이 되어 놀라운 일이 일어나지는 않는다. 하지만 일상의 소소한 일에 따스한 울림이 있는 생각과 삶을 표현함으로 말미암아 더 큰 감격과 울림으로 이어가는 공명의 효과, 이는 우리의 삶을 놀랍게 변화시킨다.

작은 사랑의 섬김이 향기가 되어 널리 멀리 퍼지면 사람을 살리고 영혼을 소생시키는 일이 되기에 오늘도 보이지 않는 작은 일에 마음을 쏟는다.

한 알의 씨앗이 썩지 않으면 많은 열매를 거둘 수 없지만, 삶 속에 일어나는 작은 이야기들이 사랑의 꽃씨가 되어 우리 안에 피어나면 많은 열매를 거둘 수 있을 것이다.

주고받는 즐거움, 베풀고 나누는 기쁨, 이런 것은 경험하지 않고서는 누리고 맛볼 수 없는 것이기에 이런 삶이 얼마나 고맙고 감사한지 모른다.

　주일 아침이 되면 책상 위에 하얀 백설기가 놓이는 일이 자주 있다. 따뜻한 사랑이 담긴 떡이다. 이른 새벽부터 정성 들여 만든 떡을, 설교하시는 목사님께 간식으로 드리고 싶어 하는 마음을 주님은 얼마나 귀하게 여기실까?
　두고 간 아름다운 마음으로 인해 더욱 감사가 넘친다. 환한 웃음 머금고 샌드위치 두 쪽을 들고 온 예쁜 집사님, 종이접기로 만든 바구니를 들고 와 작은 물건을 담아두라고 건네주는 착한 손, 사랑의 마음으로 반죽해서 빚은 과자를 "I wish You Happiness in Your Life"라는 글이 적힌 포장지 안에 가지런히 담아 건네는 따뜻한 손길들을 기억하며, 오늘도 이들을 위해 감사의 기도를 하지 않을 수가 없다.
　동토의 땅으로 저희를 옮겨 심으시고 가난한 영혼을 소유한 성도들을 저희 손에 붙여 주셨기에, 주의 나라를 세워가고 제자 삼는 일에 마음과 정성과 몸을 다하여 주를 사랑하듯 이들을 사랑하리라 다짐한다.
　겨우내 꽁꽁 언 묶은 마음밭을 기경하고 땅을 일구며, 가시덤불을 걷어내는 기도 시간에 부어주실 은혜를 사모하며 마음밭을 일군 자에게 흘려보내시는 은혜, 웬 사랑이며, 웬 은혜인가?

요즈음 말씀을 들으며 눈물을 흘리는 사람들이 많아졌다.

은혜의 도가니로 이끄시는 성령님은 우리 안에서 일하고 계신다.

영을 살리고 꽃을 피워 열매를 맺기 위해 세미한 주의 음성에 귀기울이며 민감해지고 싶다.

이 마음의 울림이 싱그러운 초록의 계절에 라일락 향기가 되어 이웃과 러시아 전 지역에 퍼져가기를 기도한다.

〈생명나무〉 2011년 5월호

Simple is the Best

수군수군, 누가 귀국한다는 이야기가 들린다. 그것도 교회 중직자의 가정이다. 억장이 무너진다. '그냥 보통 성도들 보내시면 안 되나?' 이런 얄궂은 생각까지 든다. 마음이 몹시 무겁다. 귀국한다는 날이 얼마 남지 않아 마음은 더 바짝바짝 타들어간다. 드디어 헤어지는 날, 어수선한 마음을 가눌 길 없어 왔다 갔다, 내 마음만 번잡해진다. 그것도 한 가정이 아니라 한두 달 간격으로 연이어 귀국할 성도들이 많다는 사실에 더욱 불안해졌다.

특별히 중고등부 연합 수련회를 앞두고 그 많은 교사들이 다 귀국해서 어른은 달랑 여 권사 한 사람만 남았다. 무엇을 어찌 준비해야 할지 앞이 캄캄하다. 설상가상으로 그분마저도 한 달 후면 고국으로 돌아가도록 발령을 받은 처지이다. 방학이 되면 연례행사처럼 떠나는 자들이 많지만, 이번에는 예정 없이 예닐곱 가정이 동시다발적으로 귀국을 하게 된다. 큰일을 앞두고 교사들이 전멸이다. 이럴 수가! 빈자리는 더욱 커 보인다. 이런 현실을 받아들여야 하는 돌발 상황! 주님 진정 헤어짐의 아픔을 안고 이렇게 살아가야 하는 것인가요!

마음이 복잡해 청탁받은 글을 쓰는 일도 손에 잡히지 않아 몇 날을 펜을 잡았다 놓았다를 반복했다. 드디어 중고등부 책임을 맡은 장로님이 귀국 인사를 하는데, 자신은 10년 전에 두 가지 비전을 가지고 기도했단다. 하나는 해외에서 영업을 담당해 보는 일이었는데 7년간 잘 감당할 수 있도록 인도해 주셨고, 또 하나는 인생 후반부에 선교를 위해 살고 싶은 마음이었다고 했다.

그 장로님은, 남은 한 가지 기도 제목인 후반부의 삶이 선교를 위한 여정으로 이루어지기를 바라며 떠난다고 했다. 더욱이 아들이 선교의 꿈을 꾸고 있기에 먼저 자신이 선교 터전을 마련해서 후원자가 되기를 바란다고 했다. 그동안 성실한 그의 믿음의 삶을 지켜본 나는, 그의 삶의 목표처럼 코람데오 신전神前의식 정신으로 선교적 삶을 잘 살아낼 것이라 믿는다.

진정 주님은 그의 기도를 신실하게 들어 주셨고 남은 기도 제목도 응답해 주실 것을 믿고 인내했던 것처럼, 때가 되면 이루어 주실 것이다.

사역의 빈자리를 채워야 하는 이 긴박한 상황들이 있음을 주님은 미리 아시고 우리보다 먼저 일하고 계셨음을 금요기도회에 참석하고서야 알게 되었다. 약속에 신실하신 주님을 찬양하고 싶다. 중고대학청년부를 지도하며 우리와 함께 동역해 갈 젊은 목사님 한 분이 초대되어 설교를 하게 된 사실이다. 이는 분명 기도의 응답이다. 그는 선교사의 길을 준비하기 위해 경제학, 작곡, 연극영화, 신학을 20여 년간 공부하며 준비하다가 5일 전에 미국에서 학위를 받고 도착한 목사님이다. 어떤 설교를 할지 잔뜩 기대가 되었다. 아직 시차에 적응되지 않은 상황에서 첫 설교를 하는 그분도 마음 부담이 컸을 것이다. 하지만 그의 설교는 학생들에게 꿈과 비전을 심어 주기에 충분했다. 이날 밤 생수 같은 말씀으로 실타래처럼 엉켜 있는 어수선한 마음이 "Simple is the Best"로 변해 있었다.

〈생명나무〉 2014년 6월호

거인 위에 앉은 난쟁이

 여름휴가 3주간을 대신 섬겨 주실 원로 목사님이 친구 목사님과 함께 러시아를 방문했다. 러시아 몇 지역을 다니며 강의와 세미나를 인도하시고 귀국해서 '러시아의 꿈'이란 제목이 적힌 작은 노트를 우리에게 보내주셨다. 나는 이 노트를 받고 신선한 충격을 받았다. 강의 차 잠시 러시아에 다녀가신, 은퇴하신 한 목사님의 50페이지도 채 안 되는 기행 일기였다. 메모하는 습관이 몸에 밴 분이 아니고서는 이런 글을 쓸 수가 없다. 여행지인 러시아에 첫발을 디딘 설렘과 기대감과 꿈이 함께 묻어난 삶의 잔잔한 이야기이다.

 첫 출발에서부터 행선지를 옮길 때마다 만나고 경험한 일상의 이야기가 독특한 소재에 맛깔스러운 표현까지 가미되어 읽는 사람이 다음 페이지를 속히 열고 싶은 충동을 느끼게 한다. 순간순간 느낀 생각을 어쩌면 이다지도 진솔하게 담아낼 수 있을까? 절제된 언어와 섬세한 필체가 나의 마음을 더욱 사로잡았다. 무엇보다 행과 행 사이의 긴 호흡이 마음에 들었다. 쉽게 지나칠 법도 한 작은 이야기도 귀기울여, 빈 여백에 흘림체로 속히 써 내려간 민첩하심도 눈에 띄었다. 몇 편 읽어 가는 중 나의 생각이 넓어지고 안목이 열린다는 인상을 지울 수가 없다. 감동이 쉬 사라지지 않는다. 20여 년이나 인생 경험이 더 많은 분의 글이기에 내가 더욱 그리 느꼈는지도 모르겠다.

사람은 어디서든 누구에게나 배우는 자세가 중요하다고 평상시에 생각하는 나에게 도전이 되는 시간이었다. 성장하고자 하는 자에게는 하루의 삶이 깊은 사유思惟에서 우러나오는 법이다. 그의 글은 전체를 관망해 보는 시야와 내공이 태평양과 같다.

노련미가 넘치는 필체와 문장력을 접한 나는 신명이 나서, 글 쓰는 일에 속도감이 붙었다. 행운아가 된 마음으로 사람을 통해 부어주는 하나님의 은혜임을 깊이 깨닫게 되었다. 아하! 그렇구나! 이런 기행문도 있구나. 멀리 보고 넓게 보고 깊이 생각해 내는, 거인 위에 앉은 난쟁이의 자세가 아닌가?

삶에 느낌표를 하나 준 이 작은 책자는 꿈 너머 꿈을 품게 하는 실마리가 되었다. 요사이 부쩍 러시아 지도를 자주 펼쳐 보고 있다. 동계 올림픽을 개최할 소치에 대한 기대감과 러시아 주변국들을 둘러보는 재미가 쏠쏠하다. CIS구소련 권 지역을 가슴에 품을 수 있는 계기가 되어 감사하고, 이 땅에 살기 위해 험하고 궂은일을 마다하지 않고 성실하게 일하는 노동

자들을 곁에서 보게 하심도 감사하다.

깡마른 체구에 굳어진 손 마디마디에 묻어난 고단한 삶을 바라볼 때마다 긍휼의 마음이 우러난다. 새벽기도회에 가려고 길을 걷다가, 이들에게 건네 줄 빵과 음료수를 만지작거리며, 오늘은 누구를 만나 행복을 전해 줄까? 두리번두리번 어둔 새벽길의 청소부를 찾는 일이 나의 일상이 되었다. 혹 보이지 않으면 아파서 못 나온 걸까 걱정된다. 추적추적 비가 내리는 날이어서 주인을 찾지 못한 비닐봉지를 들고 집으로 오는 때면 마음이 씁쓸해진다.

하지만 우리 앞에 놓인 숙제가 하나 있다. 조선인의 마음이 보이지 않았다던 언더우드 선교사의 고백처럼, 보이지 않는 러시아인들의 마음을 읽어 내는 일이다. 이들의 영적 필요가 무엇인지 발견해 내는 일이다.

이 땅에서 주님은 우리를 통해 역전의 인생을 살기 원하시고, 우리도 그런 삶을 살기를 바라고 있다. 선교 사역을 돌아보면 아무도 가지 않은 길을 걷게 하셨고, 영적인 눈을 뜨게 하시려고 그리도 단련시켜 가시던 주님의 깊은 섭리를 깨달은 일상의 이야기들이 버무려져 선교의 여정을 마치는 그 순간, 나의 나 된 것은 하나님의 은혜였다고 고백할 수 있는 은총의 사람이 되기 위해 거인 위에 앉은 난쟁이처럼 멀리 내다볼 줄 아는 관망자로 서 가고 싶다.

🌱 〈생명나무〉 2012년 1월호

말없이 사랑하여라

밤 11시, 찌릉찌릉, 전화벨이 울린다. 누가 이 밤중에 전화를 하는 걸까? 받을까 말까? 잠시 주춤하다가 수화기를 들었다. 힘 빠진 목소리가 수화기를 통해 들린다. "사모님! 저 잠이 안 와요. 어떻게 해야 돼요?"

암흑 같은 이 밤 얼마나 답답했으면 나에게 전화를 했을까? 이런 전화는 보통이란다. 깊이 잠든 새벽 1시에 배가 아프니까 약 좀 갖다 달라는 전화에서부터, 새벽 4시에 무서워서 잠을 못 자니 우리 집에 와 달라고, 이 사람 저 사람에게 전화를 한 모양이다.

주변에 이렇게 연약한 지체가 있어 감당하기에 벅차서 여러 사람이 힘들어 하고 있다. 처음에는 모두 안쓰러워 도와주고 필요를 채워주다가 한계를 넘나드는 행동과 말에 다들 나자빠졌다. 이런 세월이 3년이 지났다. 이제 마지막 보루인 나에게 차례가 온 셈이다. 나도 함께 연약해지려고 한다.

그러면 안 되지! 다짐을 하며 떨리고 기운 없는 목소리를 들어주노라니 긍휼히 여기는 마음이 밀려온다.

아무도 그녀에게 가지도, 돌아보려고도 하지 않는다. 아무도 친구가 되어 주지 않으려 한다. 그는 늘 다른 사람들과 어울리지 못하고 외톨이가 되어, 보는 내가 힘이 더 든다.

왜 그럴까? 이유가 무엇일까?

다른 나라에서도 믿음생활을 했다는데 왜 이토록 힘들어하는 것일까?

자기에게 친구가 없다고 본인이 느끼고 하소연한다. 말 상대가 되어 달라고 자기 집에 놀러오라고도 한다. 음식 만드는 법을 가르쳐 달라고도 한다.

어찌하랴! 놀아주고, 음식 만드는 법도 가르쳐 주고, 이야기 상대도 되어 주어야 한다.

무슨 이야기를 하든 맞장구를 쳐 가며 잘도 들어주었건만, 감당할 수 없는 요구에 나도 정신을 차릴 수 없을 정도로 마음이 혼란스럽다.

그렇다고 매몰차게 할 수 없는 일 아닌가?

이런 상황 가운데 "세상에 있는 자기 사람들을 사랑하시되 끝까지 사랑하시니라"요 13: 1는 말씀 앞에, 연약한 지체를 돌아보고 위로하고 격려하고 세우고 보듬어 안으라고 이곳에 보내신 것이라 여겨지니 더욱 마음이 착잡하다.

이것이 나의 작은 십자가라면 지고 가리라!

모두가 멀리 하고 외롭고 힘들어하는 것을 외면할 수 없어 마음에 부담과 불편함이 있음에도 보듬어 안으리라고 다짐을 하고 나니 한결 마음이 편해졌다.

아픔을 끌어안을 수 있는 사람이 되기로, 마음을 내려놓기로 했다. 하지만 넘어야 할 산이 많아 보인다. 몇 개의 산을 넘어야 야트막한 동산 저 너머 푸른 초원을 볼 수 있을까?

보이리라는 기대와 희망을 안고 마음 문을 노크할 때마다 따뜻하게 반겨주고 마음 문을 열어 주고 있다. 하지만 잘 감당할 수 있을지, 확신이 서지 않는다.

이 일은 주님이 주시는 은혜와 지혜와 능력으로만 감당할 수 있는 일일진대 "하나님이 세상을 이처럼 사랑하사…"요 3:16라는 말씀을 생각해 본다. "이처럼 사랑하사"라고 말씀하시는 이면에는 주님의 사랑은 처절하고 극진하고 희생적인 사랑이라는 교훈이 들어 있다. 이런 사랑을 나는 진정 소유할 수 있을까?

이런 수준 높은 사랑까지 나아갈 수 있을까? 의문이 생기지만 그래도 사랑해야 할지니….

누구에게 맡겨서 될 일이 아니다. 맡겨서도 안 되는 일이다. 내가 하기 싫은 일은 남에게 시키지 않는 것이 나의 삶의 철학이기에 버겁고 힘들어도 짊어지고 감당해 가야 할 나의 몫이고 의무라고 여겨져 긍휼히 여기는 마음이 더욱 강하게 밀려왔다.

주님은 이 땅에 사람을 사랑하기 위해 오셨고, 사랑하는 자체가 사명이라고 하셨다. 지금까지 이 사명을 붙들고 살아온 삶이 아니었던가?

    10여 년 전에 내 수첩에 써 둔 글이 생각났다. 이런 삶을 살고 싶어 자주 읽고 있는 글이다.

> 말없이 사랑하여라
> 내가 한 것처럼 아무 말 말고
> 자꾸 겉으로 드러나지 않게
> 조용히 사랑하여라.
>
> 사랑이 깊고 참된 것이 되도록
> 말없이 사랑하여라.
> 아무도 모르게 숨어서 봉사하고
> 눈에 드러나지 않게
> 좋은 일을 하여라.
>
> 그리고
> 침묵하는 법을 배워라.
> 말없이 사랑하여라.
> 꾸지람을 듣더라도 변명하지 말고
> 마음 상하는 이야기에도
> 말대꾸하지 말고
> 말없이 사랑하는 법을 배워라.
>   - J.S. 갈로 〈사랑의 기도〉중에서

나는 그녀를 지금도 말없이 사랑하고 있다.

〈생명나무〉 2014년 11월호

너만의 명작을 그려라

'주어진 삶을 어떻게 살 것인가?', '어떻게 해야 자신을 의미 있는 존재로 만들어 갈 것인가?' 이런 생각을 하면서, 달란트는 숨겨두지 말고 쓰기 위해 주어진다는 벤자민 프랭클린의 말을 떠올려본다. 우리는 종종 얼마나 받았느냐에 관심이 많다. 하지만 얼마나 받았느냐보다 얼마나 발전시켰느냐가 더 중요해 보인다. 아무것도 하지 않는 것보다 노력하다가 잃는 쪽을 택하라는 말 속에는 달란트를 잘 활용하라는 깊은 의미가 묻어 있다.

지난가을에 말려둔 꽃씨를 이른 봄 교회 마당에 심었더니 첫가을 햇살에 코스모스가 꽃을 피우고 있다. 코스모스는 저마다의 몸짓으로 우리 모두에게 기쁨을 주고 있다. 꽃씨를 모으고 심는 작은 수고가 많은 이들에게 행복이 되었다고 생각하니 이 작은 일에 보람을 느낀다.

타인을 위해 살아가는 선교사의 삶이 쉽지 않은 일이지만, 이 길을 걸어 온 지 벌써 33년이 다 되어 간다. 나만이 부를 수 있는 노래를 부르며 우주 어느 곳에서도 한번도 연주되지 않은 나만의 선율로 한순간의 연주를 위해 평생을 준비하며 살아온 걸음에서 묻어난 삶의 향기다.

이런 삶을 살아가고 있는 "자연 밥상 임지호"라는 힐링캠프 프로그램을 우연히 보게 되었다. 자연에서 채취한 재료들을 응용하여 이 세상에서 보지도 먹지도 못한 새로운 음식들을 만들어 내는 창의적인 요리사의 걸어온 삶이 영상으로 세상에 드러나면서 그는 이런 고백을 한다.

어린 시절, 일찍 어머니를 여의고, 열한 살 때 가출해서 이곳저곳을 방황하며 누비고 다니다가, 배가 너무 고파 칼국수를 파는 아주머니의 가게에 들어가 칼국수를 시켜서 먹고, 양이 차지 않아 한 그릇을 더 시켜서 허기를 달래고 주위를 두리번거리고 있는데 마침 아주머니가 보이지 않아 살며시 음식점을 빠져 나왔다는 이야기이다. 그 당시에는 자기가 운이 좋았다고 생각했었단다. 하지만 지나고 보니 행색이 거지같은 소년이 칼국수를 먹으러 들어오는 모습을 보고 돈을 내지 못할 것이라는 생각에 아주머니는 그 자리를 피해 주셨다는 생각이 들면서 감사한 마음이 가슴 가득 밀려왔다고 했다. 자신이 어른이 되면 아주머니처럼 많은 사람들에게 베풀고 나누어 행복을 전하는 자로 살겠다는 결심을 하게 되었다고 했다.

자신이 제일 관심이 많았던 요리를 배워서 자연 밥상의 주인공이 되어 TV에 자신만의 달란트를 가지고 명작을 그리며 살고 있는 당당한 사람을 만난 것이다. 이는 진정 자신만의 명작을 그리며 의미 있는 삶을 살아가고 있는 자다.

인생은 짧고, 다시 되돌릴 수 없다. 삶의 순간순간이 경이로우며, 삶의 의미를 맛보는 소중한 시간들이다. 주어진 기회는 자주 오는 것이 아니다. 자신만의 작품을 펼칠 수 있는 캔버스와 같은 한순간을, 지금 내가 가진 것으로 현재의 위치에서 최선을 다 할 수만 있다면 이것은 축복이며 감사와 믿음이라는 선물로 되돌려 줄 수 있는 기회가 된다.

이 기회를 놓칠 수는 없지 않은가? 이 소중한 삶의 현장을 소홀히 할 수 있겠는가?

자신만의 명작을 그려내기 위해 사소해 보이는 붓놀림 하나하나가 모여 다채로운 색상과 훌륭한 질감이 숨 쉬는 살아 있는 그림은 삶의 최고의 걸작품이 된다.

아직 자신에게 달란트가 없고 재능이 없다고, 준비가 되지 않았다고, 변화 줄 만한 여력이 없다고 생각될지라도 당신은 무언가 특별한 일을 할 수 있다. 예수님이 당신과 함께하시고, 예수님의 사랑이 당신 안에 가득하다면, 당신은 자신만의 명작을 그려낼 만한 충분한 자질을 소유하고 있다. 단지 그 무엇을 찾지 못했을 뿐이다. 하지만 그 무엇을 찾기만 한다면, 영원히 사라지지 않을 당신만의 명작을 만들어 낼 수 있다.

🌱 〈생명나무〉 2013년 9월호

무릎 꿇은 나무

고요한 대지에 조용히 눈이 내리고 있다. 눈이 오니, 지난해 겨울의 환상적인 눈꽃이 생각난다. 모두들 평생에 이렇게 아름다운 눈꽃은 처음 보았다고 환호성이었다. 러시아 사람들도 평생 처음 본 눈꽃 앞에서 감탄이 쏟아져 입을 다물지 못하였다.

그날은 토요일 오후였다. 눈은 여느 때와 마찬가지로 조용히 대지를 수놓고 있었다. 나뭇가지에 앉은 눈송이는 보통의 눈이었기에 사람들의 시선을 받지 못하고 밤이 깊었다. 하지만 기온이 뚝 떨어진 대지는 시베리아에서 불어오는 칼바람으로 순식간에 영하 30도로 내려가고, 살을 도려내는 듯 찬 공기가 밀려와 수은주는 더욱 내려갔다.

밤새 무슨 일이 일어났을까? 대기층이 갑자기 곤두박질치며 영상으로 오르면서 눈이 가랑비로 변해 비가 내리고 있었다. 쌓인 눈 위에 비를 맞은 나뭇가지에 붙은 눈은 영하 30도 추위에 얼어붙으면서 순식간에 눈꽃으로 변한 것이다. 이른 아침, 밖이

유난히 환했다. 왜 이리 밝은가 창문을 여는 순간, 온 천지가 얼음 눈꽃 세상이 아닌가! 아! 이럴 수가! 이렇게 황홀한 아침을 언제 맞아 보았던가? 햇빛 사이로 눈부시게 빛나는 영롱한 눈꽃들은 꿈에서나 볼 수 있는 환상적인 순백의 나라가 되어 있었다. 이 놀랍고 경이로운 광경을 바라보고 감탄하지 않을 수 있겠는가?

얼음 눈꽃은 하늘이 우리에게 내린 축복의 선물이었다.

하지만 나뭇가지에 붙어 있는 눈꽃이 햇빛을 받아 영롱하게 영글어 가고 있을 때, 나무들은 눈꽃의 무게를 이겨내지 못하고 넘어지고 휘어지고 부러지는 아픔과 고통의 시간을 보내고 있었다.

그 아픔을 인간인 우리가 어떻게 알 수 있단 말인가? 그 고통을 누가 느낄 수 있단 말인가?

결국 나무는 고통을 이겨내지 못하고 굴복하고 말았다. 나무의 삶은 곧아 수직적 삶이 아니었던가? 하늘을 향해 높이 주님을 찬양한 삶이 아니었던가?

하지만 자연 앞에 정복당해 고개 숙인 무릎 꿇은 겸손한 나무가 되었다. 휘어진 나무는 더 이상 곧게 자라지 못할 것이다. 평생 무릎 꿇고 겸허하게 살아가야 할 것이다.

이 아침에 무릎 꿇은 나무는 조용히 나에게 말을 걸어온다. 주만 바라보고 겸손하게 살아가라고….

🌱 〈생명나무〉 2011년 12월호

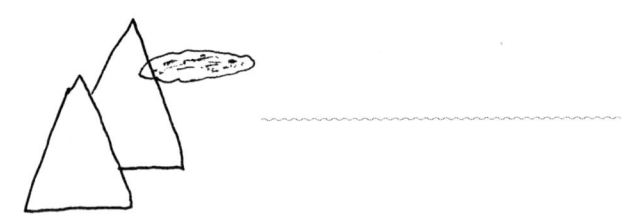

3부

식탁 부흥회

이모작

열대 지방인 인도네시아는 7월이 이모작을 시작하는 시기다. 이모작은 같은 땅에서 두 번의 결실을 수확하는 토지 이용법이다. 여름에는 벼를, 겨울에는 보리와 밀을 심는다.

열대 기후 덕분에 한 논에서는 벼를 거두고, 옆 논에는 모를 심는 광경을 종종 보게 된다. 이런 모습을 지켜보며 7월이 되면, 내면의 성숙을 위해 새 마음밭에 씨앗을 뿌리는 '이모작의 사고'로 새 달을 맞게 된다.

이모작의 사고를 통해 양질의 수확물을 더 많이 얻을 수 있는 이 시기에, 마음의 묘판에 새로운 시작을 위한 경종을 울릴 필요가 있다.

마음 판에 새 각오로 새 그림을 그리기를 다짐하고 있는 때에, 어느 날 딸에게서 전화가 걸려왔다. 딸은 책을 편집하고, 디자인하는 회사에 다닌다. 회사가 어려운지 2명의 직원이 직장을 그만두면 좋겠다는 요청이 들어와, 모든 것을 내려놓고 그만두기로 결심하였다고 한다. 새롭게 그동안 하고 싶고 꿈꾸어 오던, 소외되고 어려운 환경에서 자존감이 낮은 아이들을 그림으로 치료하는 미술치료 상담을 공부해 보고 싶다고 했다.

딸의 온유하고 남을 배려하는 성품이나 재능과도 잘 맞는 학문이기에 기도로 지원해 주겠다고 격려하면서, 학교에 제출할 딸의 자기소개서를 읽다가 나도 갖지 못한 새로운 결심에 화들짝 놀라고 대견스러워졌다.

딸은 우리가 인도네시아 선교사로 있을 때 그곳에서 태어나 문화권이 다른 곳에서 자라면서 다양한 문화와 언어를 접하고, 타인의 다른 점을 받아들이고 인정하고 관용의 마음과 넓은 시야를 얻게 되었다. 성품이 온유하고 남을 배려하는 자녀로 자라게 하셨기에, 딸이 주님의 사역에 동참하려는 거룩한 마음을 품게 하셨음에 감사하며 누구의 강요가 아닌 스스로 깨달은 순수한 마음을 진정 주님이 기뻐하시리라고 믿는다.

딸은 새 달이 시작되는 이 시기에 새로운 도전과 결심을 마음 판에 새긴 것이다. 더 준비하여 자신의 달란트를 주를 위해 쓰고 싶은 간절한 마음을 아버지가 주셨다고 본다. 이런 딸의 모습을 보면서 "새로운 각오가 사람을 만들고, 새로운 결심이 새 마음을 갖게 한다"고 했던 톨스토이의 글귀가 생각났다.

진정 그렇다. 늘 새롭게 사랑하며 살라고 하시는 음성이 들림은 웬 은혜이고 웬 사랑인가?

딸로 인해 나도 함께 배울 수 있고, 새 정보도 얻을 수 있다는 마음에 가슴이 벅차 오른다. 오래전에 미술치료사 공부를 하면서 시험을 보고 자격증도 따 두었건만 활용을 하지 못하고 있다. 기회는 지금이다. 딸의 꿈과 나의 꿈이 이렇게도 닮았다니 놀랍다.

영혼을 깊이 사랑하는 일에 주어진 시간과 마음을 드린다면 가치 있는 삶을 사는 것이다.

이모작이 시작되는 새 달 7월!

새롭게 도전하는 딸에게 큰 박수를 보내고 싶다.

〈생명나무〉 2012년 7월호

조각 이불

교회는 조각 이불같이 다양한 사람들이 모여 있는 공동체이다. 다양한 색과 질감과 천으로 구성된 조각 이불같이 배경과 경험과 지식, 가족, 출신, 자라온 환경과 생각이 각각 다른 이들이 모여서 조화롭게 색을 맞추고 씨실과 날실의 믿음의 띠로 아름다운 이불을 만들어 가는 곳이 교회다.

1984년에 처음으로 간 선교지가 인도네시아였다. 인도네시아의 국가 모토는 '다양성 속의 통일'이다. 세계에서 가장 많은 18,108개의 섬으로 이루어진 인도네시아는 인종도 다양하고 언어도 수십 가지다. 서로 다른 이질적 문화가 존재하는 곳이지만, 이들은 어려서부터 서로 다름을 인정하고 수용하며 이해하고 받아주는 용납의 덕목이 있는 사회다. 17년간 인도네시아에서 선교 사역을 하면서 배운 삶의 지혜가 있다면, 서로 다른 천 조각들이 어우러질 때 얼마나 아름다운 조각 이불을 만들어 내는가 하는 것이다.

그래서인지 인도네시아 사람들은 조각 이불을 참 잘 만든다. 20년 전 인도네시아에서 샀던 조각 이불이 지금도 우리 집 침대를 덮고 있다. 언제 보아도 아름답다. 그 이불을 보노라면 서로 용납하는 인도네시아 사람들이 자꾸만 생각난다.

우리 교회 안에서 때로 서로 다름을 이해하고 용납하지 못하여 지적하고 비판하고, 그래서 마음이 아픈 이들이 있는 것을 보면, 왜 우리들은 다름을 받아주지 못할까? 왜 서로 다른 것을 틀린 것으로만 생각할까? 하는 이런 의문이 든다.

우리 주님은 서로 배경이 다른 사람들이 믿음의 끈으로 이어진 교회 공동체를 하나 되게 하는 꿈을 가지셨기에 십자가를 지시기 전 제자들을 모아놓고 그렇게도 간절히 하나 되게 해 달라고 기도하셨나 보다.

서로 하나 되는 가운데 서로 다름을 받아들이고 세워 주고 격려하는 모습이 얼마나 아름다운가?

믿음 안에서 선을 이루고 덕을 세우는 일은 쉽지 않은 일이다. 하지만 우리는 주님 오실 때까지 이것을 위해 자신을 죽이고 남을 세우는 하나 되는 역사를 우리 안에서 이루어 가야 한다. 믿음의 끈으로 품어내고 짐을 나누어지는 성숙한 자로서야 한다. 예수님은 이런 삶을 사셨다.

나를 기쁘게 하는 것이 아니라 타인을 기쁘게 하는 자로 사신 예수님처럼 살아낼 수 있을 것인가? 이것이 늘 내게 숙제로 남아 있다.

중세시대 가톨릭교회는 '바늘 위에 천사가 몇 명 앉을 수 있는가?'라는 비본질적 논쟁으로 교회의 힘을 낭비했다. 이곳 러시아 정교회도 한때 '사제 가운의 길이를 어느 정도로 할 것인가?'가 논쟁의 초점이었다. 그 결과 공산주의 이데올로기가 이 땅을 점령해 신앙의 큰 손해를 보았다. 과거 역사는 우리에게 큰 교훈을 주고 있다.

하나님의 꿈은 우리가 하나 되기를 원하고 계신다. 서로 뜻을 같이 하여 한마음과 한 입으로 이 땅에 하나님의 나라를 세워 가는 사역에 마음을 드리고 싶다.

〈생명나무〉 2012년 6월호

거꾸로 사는 삶

하나님은 예수님을 믿는 사람들에게 희생을 원하신다. 자기는 죽고 예수로 사는 십자가의 삶을 살라고 하신다. 믿는 자들은 세상과 거꾸로 사는 삶을 산다. 밖을 보는 것이 아니라 안을 보는 자들이며, 남을 탓하기 전에 자신을 돌아보는 자들이다.

세상의 눈으로 보면 바보 같은 삶이다. 하지만 주님 손에 붙잡힌 우리는 이 길을 걸어가야 한다.

1984년, 주님은 거꾸로 사는 삶이 무엇인지 보여주시기 위해 우리를 선교지로 보내셨다. 아브라함이, 친척과 가족을 떠나 네게 보여 줄 땅으로 가라고 명하신 주의 음성에 순종했듯이, 보이지 않는 길을 향해 가라고 명하셨을 때 오직 순종으로 떠난 이 길을 지금까지 걸어가고 있다.

세상의 가치관을 버린 지가 오래다. 세상에 살고 있지만 세상과 구별 되게 사는 것이 체질화되었다.

믿는다는 이유 하나만으로 나는 중학교 1학년 시절 짓궂은 친구에게 괴롭힘을 당했다. 내 뒷자리에 앉은 그녀는 내가 만만해 보였는지 장난치기를 좋아했고, 화장실에 갔다 오면 나 몰래 의자를 재빠르게 빼어서 엉덩방아를 얼마나 찧었는지 모른다. 하지만 나는 화내지 않고, 그런 일이 언제 있었냐는 듯이 평정을 유지하며 반응을 보이지 않았다. 긴 세월이 지나 서울에서 대학을 다닐 때, 방학이 되어 어느 날 고향집에 갔더니 나를 괴롭힌 이 친구가 예수님을 잘 믿는 친구로 변해 있었다. 나는 내심 놀랬다. 학창 시절에 나를 그렇게도 괴롭히고 힘들게 한 것이 못내 미안했든지 그때를 회상하며 사과하고 잘못을 뉘우치고 용서를 구해, 많은 이야기를 나눈 적이 있다.

세상 가치관에 눈을 두지 않고 하늘의 가치관을 바라보며 살았기에, 화를 내지 않을 수 있었던 것 같다. 세상에 살고 있지만 세상을 역행하며 살아야 한다는 믿음이 있었기에 가능했다.

주님은 순간순간 우리의 생각과 의식과 행동을 세상과는 반대로 살라고 당부하신다.

세상적으로 볼 때 이는 분명 억지 같은 요구이며, 말도 안 되는 요청인 셈이다. 하지만 분명 믿음의 세계에는 비밀이 있음을 알아야 한다. 말씀에 잘 순종만 하면 내 주위를 변화시키고 가정을 변화시키고 교회 주변을 변화시키고 우리가 살고 있는 사회를 변화시킬 만한 작은 힘이 내가 죽고 주님이 내 안에 살고 계시면 가능하다.

하지만 이 일이 결코 쉬운 일은 아니다. 내가 죽고 그리스도가 살아야 할 수 있는 일이다. 나는 어린 시절부터 싸우지를 않고 자랐다. 그래서 지금도 싸우는 일을 잘 못한다.

요즈음 베드로전서를 읽는데 주님은 주인들에게 순종하되 까다로운 자들에게도 순종하라고 하신다. 고난을 받아도 하나님을 생각하면서 참으면 하나님 앞에 아름답다고 하신다.

얼마나 긴 세월을 많이도 참아왔던가?

모든 것을 인내하며 걸어온 길, 이것이 거꾸로 사는 삶이 아니고 무엇이겠는가?

참는 길이 결국 승리하는 길이며 이기는 길임을 오래 전부터 터득했기에, 지금도 더 큰 것을 주시려는 아버지의 마음을 알기에, 기다리고 참는 삶을 살고 있다.

진정 역행의 삶을 살아내는 우리의 삶이 귀하고 소중해 보인다. 미약하고 연약해 보이지만, 남을 배려하며 남을 세워주는 마음이 단적인 예라고 볼 수 있다.

세상 사람들은 남을 짓밟고 남을 망가지게 하는 것이 자기가 이길 수 있는 길이라고 믿는다. 하지만 주를 믿는 우리는 어떻게 보면 초자연적 삶을 살고 있다. 거꾸로 사는 삶은 저

절로 되는 것이 아니다. 인간이 힘쓴다고 되는 일도 아니다. 전적인 성령님의 은혜로 되는 일이며, 이루심도 하나님이 초자연적으로 이루어 가신다.

  거꾸로 사는 삶이 행복하다. 하지만 쉽지 않은 길이다. 나를 드러내지 않고 더 낮추고 더 겸손해져 하나님만 영광 받으시도록 사는 삶이 거꾸로 사는 삶이기에 더욱 그렇다.
  악을 악으로, 욕을 욕으로 갚지 말고, 복을 빌라고 하시는 주의 말씀을 따르기가 얼마나 어려운 일인가? 주님은 지금도 나의 삶에서 순종을 요구하신다.
  진정, 주님 오실 때까지 이런 삶을 잘 살아낼 수 있을까?

🍀 〈생명나무〉 2012년 10월호

나의 십자가

'십자가'라고 하면 우리는 늘 주님의 십자가만 생각한다. 하지만 각자 지고 가야 할 십자가도 있다는 사실을 아는 것이 더 중요하다.

나의 십자가는 무엇일까?

홀로 서서 나의 삶을 조명해 보는 소중한 시간, 이런 순간순간이 나를 만들어 가기에 한번쯤은 자신에 대해 깊은 통찰이 필요해 보인다. '내 마음대로 살지 못하는 것'이 십자가의 정의라고 할 수 있겠다. 주님이 나를 이 땅에 보내신 사명 따라 살아가는 삶이다.

나의 십자가는 선교사의 걸음을 걷는 것이다. 힘들고 어렵고 두렵지만 끝까지 지고 가야 할 길이다. 잘 견디면 평안의 길이요, 축복의 길이다. 한평생 '선교사'의 길을 끝까지 붙들고 나갈 때 하나님의 은혜가 크다는 것을 알기 때문이다. 그래서 늘 성령 충만, 은혜 충만 해야 한다.

한 달 전에 나의 십자가를 생각하며 부른 찬양이 생각난다.

주님이 홀로 가신 그 길 나도 따라가오
모든 물과 피를 흘리신 그 길을 나도 가오
험한 산도 나는 괜찮소
바다 끝이라도 나는 괜찮소
죽어가는 저들을 위해 나를 버리길 바라오
아버지 나를 보내주오 나는 달려가겠소
목숨도 아끼지 않겠소 나를 보내주오
세상이 나를 미워해도 나는 사랑하겠소
세상을 구원할 십자가 나도 따라가오
생명을 버리면서까지 나를 사랑한 당신
이 작은 나를 받아주오 나도 사랑하오

〈사명〉이라는 이 곡을 오카리나로 연주하면서 나의 십자가를 향해 달려가는 마음으로, 우리 부부가 주일 예배 헌금 시간에 주께 고백한 찬양이다.

아무도 가지 않으려는 길, 모두가 외면하는 길, 가면 죽는다고 모두가 만류한 그 길, 오직 주만 바라보고 걸어온 걸음이기에 후회는 없다. 삶의 현장에서 고통 받은 자를 위로하며, 상처 받은 이들을 품고 사랑하며, 사람을 세우고 영혼을 살리는 사역에 보람을 느낀다.

하지만 지치고 힘든 순간이 왜 없겠는가?

주저앉고 싶은 때가 왜 없겠는가?

모든 것 내려놓고, 하고 싶은 것 하면서, 마음 졸이지 않고 편한 길 가고 싶은 마음이 어찌 없겠는가?

그러나 내가 십자가에 죽었기에, 십자가에 못 박힌 나는 이제 더는 내가 산 것이 아니요 내 안에 성령님이 사신 것이기에, 자존심도 자랑도 명예도 존경도 다 내려놓았다.

불쑥불쑥 나의 자아가 바닥을 치고 솟아날 때면 감당하기 힘든 나를 만나기도 한다. 이런 때는 자신을 위로하며 마음을 토닥이기도 한다. 내 마음이 버거울 때 주님이 주시는 새 힘을 공급받으며 일어설 수 있는 것은 내 곁에 주님이 계시기에 가능하다.

초심을 잃지 않고 한결같은 마음으로 살아가려는 몸부림을 주님은 외면치 않으시리라.

말씀 속에 나타난 인물들의 이름을 거론하지 않더라도 우리 믿음의 선배들은 헐벗고 굶주리고 고난과 굴곡 많은 삶을 살아내어 주를 주인 삼은 자들이 얼마나 많았는가?

고난을 감수하고 믿음 하나를 붙들고 살았기에 그들의 시대에 귀한 열매를 맺고 있는 것이다. 하지만 다음 세대를 믿음으로 물려줄 우리는 어떤가? 십자가를 기쁨으로 짊어지고 가는 자가 과연 얼마나 되는가?

모두들 예수님의 십자가는 좋아하고 찬양하고 묵상은 하면서, 정작 자기 십자가를 지고 주를 따르라고 하면 자신의 십자가를 피해 가려는 모습에 마음이 아프다. 기득권을 포기하고 주를 위해 살고자 하는 이가 있다면, 이는 진정 위대한 주의 사람일 것이다.

당신은 위대한 크리스천이 되고 싶지 않은가?

아무도 자기 십자가를 지고 가지 않으려 할 때, "주님 제가 여기 있습니다. 저를 사용하여 주소서"라고 고백하며 나설 수 있는 위대한 크리스천이 필요한 시대에, 나의 십자가에 대한 묵상은 소중해 보인다.

🌱 〈생명나무〉 2013년 5월호

동네북

"사모님, 어디 계셔?"

도움이 필요한 문제만 생기면 나를 찾는 발길들이 부쩍 많아졌다. 나는 교회에서 동네북이 되어 살고 있다. 목회자의 부인으로, 선교사로, 남편의 비서로, 상담가로, 글 쓰는 시인으로, 교회 살림 책임자로, 대내외 행사에 손님 접대자로, 교회 장식하는 자로, 화요 중보기도하는 자로, 찬양하는 자로, 새벽기도 시간에 음악을 트는 일로, 교회 사이트 게시판 관리하는 자로, 심방과 교인들을 돌아보는 일로, 봄이 되면 꽃 키우는 일로 늘 바쁜 삶을 살고 있다. 곧 유년주일학교 여름성경학교가 시작되면 사진 찍는 일을 해 달라는 요청이 들어온다. 봄가을 토요문화교실이 열리는 계절이면 그림도 지도하고, 오카리나도 가르친다.

주일 예배 시간이 지난 다음에는 어수선해진 주변을 정리하고, 교인들이 머문 자리를 깨끗하게 치우는 일들도 나의 몫이다.

이 모두 내가 스스로 하는 일이다. 남이 잘 하지 않고 꺼려 하는 일을 찾아 하는 것을 나의 사명으로 생각한다. 때로는 화려한 곳에서, 때로는 보잘것없어 보이는 자리에서, '내가 원하는 곳이 아니라 나를 필요로 하는 곳'에 서 있기를 원하기 때문이다.

이 모든 일은 누군가가 해야만 하는 일이다. 눈에 잘 보이지 않는, 그늘진 일을 한다는 것은 쉬운 일은 아니다. 주인 의식을 가지고 부스러기 일들에 보람을 느끼며 행복감으로 다가오는 것을 보니 영락없이 나의 일임에 분명하다. 집에서는 최 전도사로 불리며 가정 예배까지 인도하고 있으니 몸이 둘이라도 감당하기 힘든 형편이다.

하지만 주님이 주시는 은혜로, 전에는 어근버근 어렵기만 하던 일들이 쉽게 여겨져, 부족한 내가 주의 일에 쓰임 받을 수 있다는 것이 참 감사하다. 오늘은 어제와 다르게 새롭게 살겠다는 믿음의 각오로 걸어온 길이었기에 가능한 일이지 싶다. 그래서 동네북은 나의 뒤를 후렴처럼 따라다닌다. 가끔씩 피곤할 때면, 나는 나를 위로하며 다독이기도 한다.

동네잔치에 필요를 채워 주는 자, 얼마나 귀한 일인가?

방관하고 아무것도 하지 않는 것보다, 나를 필요로 하는 곳에 무엇인가 영향력을 미칠 수 있으니 좋은 일 아닌가?

좀 더 있으면 더 많은 것을 요구할지도 모른다. 그래서 일상의 삶 속에서 나의 부족을 점검하고 준비해 두는 습관이 생겼다. 선교지에서 주의 사역을 하려면 삶에서 얻은 경험과 주님이 주시는 지혜와 통찰력과 순발력이 필요해 보인다. 교회에 유익이 되고, 성도들에게 도움 되는 일이라면 무엇이든 할 준비가 되어 있다. 아버지가 힘 주시고 능력 주신다면 동네북의 삶이라도 좋다.

오늘도 대기조가 되어 동네북으로 하루를 마감하면서, 누군가는 분명 행복 바이러스를 얻어 불편한 러시아에서의 삶에 위로와 새 힘을 얻었을 것이라고 생각한다.

이런 작은 소망의 등을 켜고, 미소 지을 수 있기에 살맛난다. 이 작은 일도 하나님의 일이지 않는가?

하나님이 나를 자녀 삼아 주시고 이 땅에 보내신 삶의 목적이 분명하기에 동네북으로 살아가는 것도 의미가 있어 보인다.

> 죽는 날까지 하늘을 우러러
> 한 점 부끄럼이 없기를
> 잎새에 이는 바람에도
> 나는 괴로워했다.
>
> 별을 노래하는 마음으로
> 모든 죽어가는 것을 사랑해야지
> 그리고 나한테 주어진 길을 걸어가야겠다.
>
> 오늘 밤에도 별이 바람에 스치운다.

"나한테 주어진 길을 걸어가야겠다"는, 각오가 묻어 있는 윤동주 시인의 〈서시〉를 읊조려 본다.

〈생명나무〉 2014년 8월호

사순절

고난과 부활의 의미를 깊이 새겨보라는 김미선 시인의 시 〈사순절〉을 벽에 걸어두고 하루하루 깊이 묵상하는 날들이 더욱 많아졌다.

연초록 봄이 오는 길목에는
연분홍 설레임보다는
잿빛 긴 여운이 꼬리를 잇습니다.

그대가 오신다는 길목에는
새털같이 가벼운 반가움보다
음부로 내려가는 듯한 떨림이 서성입니다.

모든 일에 그리 두 마음이 엇갈림은
모진 북풍한설 같은 마음으로 견디고
마르다 못해 빛조차 잃어버린 잎새가
여린 바람 한 점에 떨어짐과 같습니다.

사순절입니다.
두 손 모아 겸허하게 엎드려
나를 비워 하늘빛으로 채우고자 하여도
그날이 오면 어이하여 늘 마음은 온통 잿빛

그대가 쓰신 가시 면류관
쓰디쓴 향을 타고 하늘로 오르는 것은
그곳에 나의 구원이 있기 때문입니다.

내 삶의 온전한 주인이신 그대여
올 사순절에 철부지 내게
어떤 몸짓의 헤아림으로 다가오시렵니까?

  광야에서 예수님이 40일간 금식하고 시험받으면서 고난을 준비하시던 뼈아픈 통곡의 밤은, 아버지의 마음을 더 깊이 헤아릴 수 있는 성령의 이끄심이었음을 깨닫는다.
  그 아픔과 고초를 다 겪으시고 부활의 감격으로 오신 부활절을 이곳 러시아정교회에서는 성탄절보다 더 중요하게 여기고, 십자가 행렬에 이은 부활절 예배를 토요일 밤 11시에 시작하여 다음 날 새벽 4시까지 성대하게 드린다. 가정에서는 부활절 달걀과 굴리치kulich라는 빵을 만들어 서로 나누어 먹으며 선물도 주고받는다. 이날에 좋은 일을 행하면 행복해진다고 러시아인들은 믿고 있다.

▲ 고난을 묵상하며

하지만 지금도 내 귀에 쟁쟁거리며 들리는 한 선교사의 이야기가 생각난다. 그는 현지 러시아 청년들에게 복음을 전하다가 주먹으로 얼굴을 맞는, 자존심 상하는 일을 당하고서 화가 나서 힘없이 자동차 운전석에 털썩 주저앉았다고 한다. "왜 제가 이런 모욕을 받아가며 복음을 전해야 합니까? 나는 싫습니다. 나는 러시아 사람이 보기도 싫고, 도저히 이들을 사랑할 수가 없습니다!"라고 주님께 묻자, 조용히 주님은 그들을 사랑하라고 하시며 '그래도 너는 나보다는 낫지 않느냐?'며 위로하셨다고 한다.

주님! 진정 그렇군요. 선물을 주고받으며 행복을 추구하는 것보다 부활의 감격으로 오신 주님을 위해 이 마지막 때에 예수 증인의 삶을 잘 살아내는 일이 더 중요하다는 것을 느끼게 하시는군요.

🌱 〈생명나무〉 2012년 4월호

광야학교

　이곳 러시아에서의 삶은 광야학교와 같다. 6개월의 긴 겨울을 인내로 견뎌내야만 하기 때문이다. 낯선 환경에서 보내는 러시아의 겨울은 우울하고, 지루하고, 견디기 힘든 시간이다. 나는 벌써 네 번째 겨울을 맞고 있다. 긴 겨울, 영하 25도에서 30도 아래로 내려가는 추위에 많이 울던 날들이 있었다.

　이런 추위에서 어떻게 살 것인가 고민하던 첫겨울을 보내고, 먹먹한 마음으로 한 해, 두 해 찬 겨울을 보내면서 조금씩 적응 중이다. 주님과 함께라면 추운 러시아 광야학교도 천국이라고 마음을 새롭게 먹고 있다.

　나의 앞에 놓인 광야는 외롭고 황량하고 쓸쓸한 곳이다. 하지만 사륵사륵 눈이 쌓여 가는 신비한 곳이기도 하고, 주의 음성을 더 잘 들을 수 있는 고요함이 있기에 이 광야학교에서 주님을 더 깊이 만나고 싶다. 때로는 세상 소리가 끊어져 사각거리는 눈 내리는 소리에 복잡함이 사라진 텅 빈 대지에 나의 삶을 더 풍요롭게 해 주시려고 나를 이곳으로 옮겨 심으신 것인지도 모른다고 생각한다.

 광야학교는 고난의 장소이기도 하고, 모든 것이 단절되어 한걸음 느린삶을 살아야 하는 곳이기도 하다. 때로는 영적 전쟁터에서 신음하며 부르짖어야 하는 애달픔이 스며오기에 아버지를 찾을 수밖에 없는 환경이다. 삶의 방법보다는 원리를 배우는 곳이기에 머리보다는 가슴이 따뜻한 사람으로 빚어 갈 수 있는 성품 학교이기도 하다.

 되돌아보니 이곳 러시아의 삶은 세 번째 맞이하는 광야학교인 것 같다. 첫 번째는 인도네시아로 부르신 선교의 발걸음이었고, 두 번째는 선교 본부에서의 섬김과 훈련들이었다. 진정 세 번째 맞는 광야학교를 졸업하는 그날에는 나의 멘토이신 주님 손에 잘 빚어져 언제 어디서든 주님 쓰시기에 가장 합당한 자로 준비되고 싶다. 한 알의 진주가 세상에 빛을 발하듯 역경을 인내로 이겨내어 아버지의 마음에 온전한 자로서 설 수 있는 그날을 기대하며, 오늘도 광야학교 수업에 충실히 임해야겠다. 러시아 선교의 여정이 마지막으로 맞는 광야학교라고 생각하니, 그동안 경험하고 훈련된 모든 역량을 발휘하여 주의 나라를 세워가는 일에 온맘을 다하고 싶다. 주님의 계획을 기대하며 말이다.

 주의 일을 더 잘 하기 위해 이제부터 남의 말을 잘 경청하기로 했다. 더 나아가 한 발자국 물러서기로 했다. 그리고 더

낮아지고 더 겸손해지기로 했다.

이런 광야학교가 있기에 영성이 깊은 하나님의 사람으로서 가는지도 모르겠다. 인생을 더 깊이 배우고 알아가는 시간 속에서 진정 자신을 발견하고, 메마르고 고통스런 광야학교에서 더 새롭게 주의 손에 빚어질 것이라고 확신한다.

식탁 부흥회

예수님은 잡히시기 전 12제자를 한 상에 앉히시고 빵을 떼며 대화하셨던 것처럼 우리도 신년집회와 부활절 집회 후, 강사님과 평신도간의 은혜로운 '식탁 부흥회'를 몇 차례 가졌다.

단상에서 듣는 준비된 설교가 아니라, 생각나는 대로 느낌대로 경직되지 않고 자연스럽게 식탁에서 주고받는 대화들은 무겁지 않다. 하지만 무겁지 않다고 흘려들으면 유익이 없다. 맥을 잃지 않고 경청하다 보면 삶의 경험이 진솔하게 묻어난 살아 있는 이야기가 많아, 자신의 삶에 주님이 역사하신 기도의 체험, 간증을 통해 서로에게 축복의 통로가 되고 도전받는 시간이 된다.

교제와 사귐과 나눔이 있는 식탁 부흥회는 서로를 알아가며 은혜를 나누는 소통의 시간이다. 이런 경험이 많으면 많을수록 우리의 삶은 더 풍성해지고 풍요로워진다. 들어서 깨닫는 간접 경험도 삶을 이어가는 이음매가 되기 때문이다.

때로는 감동의 물결이 밀려오고, 때로는 감사가, 때로는 은혜가 깊은 내면의 창을 두드리는 떨림을 경험할 때도 있다. 진정 성령님의 역사하심이다.

삶의 진지한 이야기를 들을 때면 마음속 나는 나를 바라본다. 이야기에 몰두되어 감정이입된 자신을 보며 나도 모르게 눈언저리에 감격의 눈물이 고이고, 타인의 삶을 통해 일하신 주님이 내 삶에도 임재하심을 느끼며 부스러기 은혜를 나누어 주심에 감사한다. 이 나눔을 누군가에게 전하고 싶은 그 간절함도 주님이 주신 마음이라고 여겨진다.

우리는 서로 만나고 교제하면서 살도록 지음받은 존재이다. 생명을 불어넣으신 영혼을 소유한 우리는 내 안에 말씀으로 가득 채워져야 만족감을 누릴 수 있다. 성도들과 진솔한 삶을 나누며 살아갈 때 서로에게 영향을 주고받으며 살 의미를 찾을 수 있다. 혹 우리의 삶에 초대해야 할 영혼은 없는지 주위를 돌아보아야 한다. 나를 필요로 하는 사람이 어딘가에 있는지를 발견해 내는 영성이 있어야 한다. 소외되고 외로운 이들과 식탁 부흥회를 통해 사람을 세우고 격려하고 위로하고 따뜻하게 안아주는 이가 공동체 안에 많아야 한다. 이런 교회는 건강한 교회로 자랄 것이다.

식탁 부흥회는 살아갈 힘을 얻고 용기를 주고받는 장이다. 빈 마음을 소유한 자가 누릴 수 있는 축복이다. 가끔씩 이런 모임이 있을 때마다 늘 주님께 감사를 드린다. 그리고 눈물을 쏟아부으시는 손길을 경험한다. 감사의 강이 내 가슴에 흘러

넘치는 은혜를 체험한다.

주님을 더 깊이 알아가는 산 체험들이 나의 삶에 역동적인 동력이 된다. 이야기를 들으면서 순간순간 성령의 음성을 듣기도 하고, 글감들을 주시기에 더없이 감사하다. 내가 만난 주님이 다른 이에게도 동일하게 역사하시는 것을 보면서 공평하신 주님을 배우기도 하고, 식탁 부흥회 후반부로 들어가면서 세미한 주의 음성이 더 진하고 깊게 와 닿아 아버지의 마음을 읽기도 한다.

우리는 자주 식탁 부흥회를 가질 필요가 있다. 영성을 키우기 위해 혼자 있는 시간도 필요하지만, 아주 가끔씩은 받은 은혜를 나누다 보면, 성령 충만해지는 성도들을 만나게 된다. 분명 하나님께서 만지신 손길이 임하였음을 느낄 수 있고, 얼굴 표정만 보아도 은혜 받은 자인지 금방 알 수 있는 것도 내 안에 주님이 임재하시기에 그렇다.

로렌스 형제처럼 늘 성령의 음성에 민감한 자로 살고 싶다. 주 안에서 하나 된 형제자매와의 만남은 주님이 주시는 언어로 대화를 나누기에 따스하고 평안하기까지 하다.

생명을 살리고 영혼을 살찌우는 식탁 부흥회는, 이 시대에 가난하고 외롭고 소외된 이들에게 감사와 회복이 넘치는 따뜻한 세상을 만들어가는 역할을 하고 있다고 본다.

〈생명나무〉 2011년 8월호

꿈꾸는 계절

새해는 새날을 꿈꾸는 계절이다. 옷깃을 여미며 걷는 총총한 걸음도, 새하얀 눈 위에 또렷이 발자국 찍으며 걸어 보는 아이들의 발자취도, 온몸에 눈꽃을 피우는 나무들도, 내일을 열어갈 새날의 꿈을 꾸며 긴 겨울을 걸어가고 있다. 꿈은 희망이며, 꿈은 비전이다.

우리 모두는 꿈을 꾸고, 꿈을 이루며 살고 있다. 자신이 처한 위치에서, 때로는 사역자로, 때로는 교회의 비전을 꿈꾸며, 지역사회에 미칠 선한 영향력을 꿈꾸며, 가정의 꿈, 나의 꿈을 이루기 위해 올 새해는 남다르다. 하지만 자신의 꿈이 진정 하나님이 기뻐하시는 꿈인지 되물어 보아야 한다. 꿈을 이루어 갈 때 결과만 중요한 것이 아니라, 이루어 가는 과정도 중요한 일이기에 더욱 그렇다.

내 안에 있는 꿈의 실체를 보며 꿈을 이루어 가는 마음 자세와 각오를 돌아보아야 한다. 어린 시절, 나에게는 화가가 되려는 꿈이 있었다. 화가가 되어 주의 나라를 세워 가는 데 쓰임받기를 소원한 어린 꿈이었다. 30년 전에 꾼 꿈을 주님은 지금 이루어 주시려고 한다. 참으로 신실하신 주님이시다. 하나님은 한번도 나를 실망시키신 적이 없으신 분이기에 주님께 찬양하고 싶다. 언제나 공평과 은혜로 나를 지키셨고, 나를 떠나지도 버리지도 않으리라고 약속하셨던 그 약속을 지키신다. 지나온 세월을 돌아보니 그 어느 것 하나도 주의 손길이 미치지 않은 것이 없었음을 고백한다. 30년 전, 화가의 꿈을 안고 프랑스로 유학 갈 결심을 하고 불어를 배우며 준비하는 중에 결혼 이야기가 오고갔다. 나는 기도했다. 먼 훗날 나의 꿈을 펼칠 수 있도록, 지금은 유학을 포기하고 결혼하지만 때가 되면 꿈을 펼칠 수 있는 예술의 나라로 인도해 달라는 기도였다.

꿈을 이루어 주시기를 주님께 기도한 지 30년 만에 꿈이 이루어졌다. 신실하신 주님이시다. 러시아에 있는 우리 모스크바장로교회는 건물이 교회로 등록된 것이 아니라, 문화센터로 등록되어 있기에 교회를 유지하기 위해 매주 토요일에 문화교실을 열어야만 한다. 교회 존립을 위한 의무조항이다. 문화교실을 시작한 지 3회째가 되어 간다. 다양한 프로그램에 교인들이 재능을 기부하고 있다. 나에게도 학생들의 그림을 지도할 기회가 왔다. 하지만 너무 오랫동안 붓을 잡지 않았고, 삶 자체가 예술이라고 위로하며 지내온 세월이 30년이나 되어 왔기에, 어떻게 그림 지도를 할 수 있을까 고민이 되었다.

그렇지만 붓을 들고 가르칠 교재들을 만들면서 손과 머리가 녹슬지 않음을 느꼈고, 가르칠 수 있겠다 싶었다. 문득 선교지에 있는 어느 사모님이 자기는 해바라기를 제일 좋아하는데, 해바라기를 하나 그려 달라고 부탁한 것이 생각났다. "예스"라고 답하지 못하고 마음에만 담아둔 일이 문득 떠올랐다. 하나님은 선교지에서 달란트를 맘껏 펼칠 수 있는 장을 열어 주셨고, 나는 부푼 마음에 화방에 가서 작은 이젤도 샀다.

나에게 그림을 배우려는 학생들이 8명이나 줄을 섰다. 새해에 주신 특별한 선물이다. 배우고자 하는 이들에게 힘이 되기로 했다. 그림 그리기 좋은 소재인 꽃과 친구가 되어 학생들을 지도하는 것이 지금 내가 새롭게 배우는 걸음이다.

배움은 즐거움이다. 배움은 의욕을 북돋게 하고 삶에 생기와 활력이 되는 일이다. 이 길을 걷고자 하는 이들에게 맘껏 주고 풍성하게 나누고 싶다.

나는 지금 학창시절로 되돌아가고 있다. 마음과 생각이 더 많이 젊어져 가고 있다. 예술의 나라 러시아로 인도하심도 이런 계획을 이루기 위한 주님의 섭리가 아닌가? 이 얼마나 신실하신 약속의 성취인가? 이날이 오기를 얼마나 인내하며 기다려 왔던가?

이제, 힘차게 꿈을 펼치며 살아갈 새날을 기대하며 흰 종이 위에 푸른 꿈을 그려 본다.

🍃 〈생명나무〉 2014년 1월호

빚진 삶(1)

　복음에 빚진 삶을, 선교사가 되어 빚을 갚고 있다. 주님은 우리를 선택하여 부르시고 선교의 첫발을 딛게 하셨다. 죽으면 죽으리라는 각오와 결심으로 출발한 선교의 여정이, 2014년이 되면 30년이 되어 간다.

　올해 마지막 달을 남겨 두고 이제까지의 선교의 걸음을 되돌아본다. 하고 싶은 것을 내려놓게 하신 성령님의 강권적인 인도하심에 순종하며 걸어온 시간들이기에 후회 없는 삶을 살고 있다고 감히 말할 수 있다. 힘들고 어려운 역경을 견디고 살아갈 수 있었던 것도 전적인 하나님의 은혜였음을 알고 있기에, 지난 시간의 삶을 돌아보며 주님이 주신 은혜를 자전적 에세이에 담고 싶은 마음이 간절하다.

　지나온 삶을 돌아보니 선교적 삶을 살게 된 이유가 내가 태어난 거창에서 시작되었다. 호주 선교사가 세운 거창고등학교에 입학했는데, 선교적 삶을 사시는 교장 선생님의 삶에 도전을 받아 선교의 걸음을 걷게 되었다. 나에게 영향을 가장 많이 끼친 분이기에 지금도 그분의 설교들을 생생하게 기억하고 있다. 지금은 〈창끝〉End of the spear 영화를 많이들 알고 있지만, 교장 선생님은 그 당시 아마존 지역에서 복음을 전하던 선교사들이 원주민에게 살해당하고 그 부인들이 지속적으로 복음을 전했다는 사건을 알고 복음을 위해 한생애를 바치겠다고 각오하셨다고 한다. 그 결심이 나에게까지 옮겨졌는지도 모른다.

교장 선생님은 광복 후 한국의 첫 유학생으로 도미 유학 길에 오르셨다. 귀국할 때 대전에 있는 지금 한남대학교의 전신인 대전대학의 부학장으로 오라는 서류를 들고 배를 탔는데, 교장 선생님을 마중 나온 사람은 거창고등학교 이사장님이었다. 이사장님에게서 거창고등학교 교장으로 와서 섬겨주면 좋겠다는 제안을 받고 대학 부학장직을 내려놓고 환경이 열악한 산골 마을에서 그의 꿈을 펼치기 시작했다.

'먼저 사람이 되라', '빛과 소금의 삶을 살아라'는 그의 신념은 학생들에게 도전이 되었고, 믿음으로 학생들을 키워 보겠다는 결심과 열정으로 남녀공학을 만들고, 원어민 영어 교사를 모셔 와서 영어 수업을 시작하였다.

매일 새벽, 전교생이 정규 수업 전에 두 시간씩 능력별 공부 시간이 있었고, 한 시간 수업을 마치고 아침 채플을 가졌다. 자신의 틀니가 빠지는 것도 모르고 열정적으로 설교하시는 교장 선생님의 모습은 신념에 가득 차 있었다. 그분의 말씀에 영향을 받은 사람이 많았겠지만, 지금 생각하면 나도 교장 선생님의 비전과 꿈과 헌신적인 섬김을 보고 선교사의 길을 걷게 되었음을 깨닫는다. 새벽별을 보며 등교하고, 저녁별을 보며 귀가하던 일이 지금도 생생하게 기억난다.

아브라함을 갈대아 우르에서 이끌어 내시고, 그의 인생의 걸음을 주님이 이끌어 주셨던 것처럼, 우리의 선교 여정도 한 걸음 한걸음 주의 인도함이 있었기에 가능했다.

우리가 할 수 있는 일이 얼마나 되겠는가? 우리가 할 수 있는 능력이 무엇이 있겠는가?

온전히 부르심에 순종하는 삶이 선교라고 믿는다. 인도네시아 열대 지방에서 17년간 사역한 경험이 러시아 사역에 좋은 밑거름이 되고 있다.

모든 환경이 정반대의 상황이지만, 처음 사랑을 회복하며 이곳 영혼들을 섬기며 주의 사랑을 전하는 빚진 삶을 살아가고 있고 더 잘 살아내고 싶다.

우리의 평생의 삶이 주를 위한 것이라면 기꺼이 모든 것을 내려놓고 죽을 각오가 되어 있다.

이런 마음을 주께서 아시고 때를 따라 필요를 채워 주시는 주님의 은혜에 감사를 드리지 않을 수가 없다.

러시아 사역이라는 큰 캔버스를 허락하시고 오늘도 주님은 나에게 꿈과 비전을 부어 주고 계신다.

〈생명나무〉 2012년 12월호

벧엘로 올라가자

벧엘은 '하나님의 집'이라는 뜻이다.

벧엘이라고 하면 야곱이 생각난다. 벧엘은 야곱이 하나님의 영광을 경험한 곳이다. 하지만 야곱은 이것을 잊고 세겜 땅에서 10여 년을 이방인으로 살았다. 그리고 아주 늦게 하나님의 음성을 듣고 깨달은 야곱은 온 가족에게 당부한다. 자신이 가지고 있는 이방 신상을 버리고 자신을 정결케 하여 의복을 바꾸어 입으라고 말이다.

가을 부흥회가 있던 날, "벧엘로 올라가자"라는 설교를 듣고 한 집사님이 깊은 깨달음을 얻고 그동안 세상의 권력과 명예와 높은 성을 쌓는 일에 마음을 드렸던 자신을 돌아보며 이렇게 살아서는 안 되겠다 싶어 회사에 휴가를 내고, 3일 금식을 하면서 성경 통독을 하기로 결심했다는 이야기를 들었다. 얼마나 절박한 심정이었으면 이런 결단을 하게 되었을까?

진정 깊은 깨달음에서 시작한 결심이 끝까지 잘 이루어지기를 바라는 마음 간절하다. 그는 새벽 제단을 성실하게 쌓고 있다. 그의 부인은 매주 기도회 모임에도 빠지지 않고 참석하며 믿음으로 살려고 애를 쓰고 있다. 이들 부부의 삶을 주님은 기쁘게 받고 계시리라 여긴다.

나도 새해 결심으로, 일 년에 한 번은 성경을 통독하리라 결심하고 시간을 내어 성경말씀을 매일매일 꼭꼭 씹어 먹고 있다. 말씀이 달다. 말씀의 깊이로 나아가고 있다. 말씀이 마음에 찔리기도 하고, 나에게 주시는 말씀이라 여겨질 때면 울음보가 터지기도 한다. 이런 마음의 결심과 행동이 벧엘에 오르는 징검다리가 되리라고 믿는다.

어느 집사님은 벧엘로 오르는 길은 하늘로 오르는 기도의 사닥다리가 한 칸 한 칸 쌓이는 것이라고 고백하는 말씀을 들었다. 무슨 일이 있어도 삶의 목적이 되는 벧엘로 오르는 일은 쉬어 가면 안 되고, 쉬어서도 안 된다. 힘겹고 고통스러워도 올라가야만 한다. 진정 주님은 새 힘을 공급해 주실 것이다.

아버지를 찾는 사순절을 맞는 달이기에 더욱 벧엘로 올라가야 한다. 주님이 광야에서 금식하고 시험받은 것을 되살리기 위해서, 단식과 속죄를 행하는 사순절을 지나, 우리 죄를 위해 십자가에 죽으신 주님의 발자취를 조금만이라도 따르고 싶다면 마음을 동이고 벧엘로 올라 아버지 마음에 맞는 참 예배를 드려야 한다.

아버지께 더 가까이 나아가기 위해서라도 더 깊이 기도하고 말씀 앞에 무릎 꿇는 시간이 더 많아져야 한다. 우리는 영적인 존재다. 우리는 육체를 가진 자이지만 영적인 삶을 살아야 하는 자들이다. 우리 영이 늘 새로워야 한다. 세상 것에 찌든 우리의 마음을 말씀의 다리미로 펴 가야 한다. 구겨진 영혼은 오직 말씀으로만 펼 수 있다.

우리의 삶이 정결해지고 아버지 마음에 맞는 예배자의 삶이 되려면 벧엘로 올라가야 한다. 벧엘을 향해 마음 창을 열어두고 정결함을 회복해야 한다.

나를 구원하시기 위해 십자가에 못 박히신 주님을 생각하며 오늘도 나의 영은 벧엘을 향해 오르고 있다.

하나님의 위로

긴 세월 30년!

젊은 시절부터 남편과 함께 선교의 여정으로 달려온 걸음!

올해가 선교 30년을 맞는 감격적인 해이다. 이 긴 세월을 어찌 걸어왔나 생각하니, 이 모든 것이 하나님의 은혜였음을 고백하고 싶다.

오직 외길을 향해 달려온 발걸음이었기에 주께 먼저 영광을 올린다. 개인적인 감격의 해인만큼 남이 알아주든 알아주지 않든 하루하루가 벅찬 날들이다. 누군가가 이런 깊은 감동의 마음을 읽어 낼 수 있겠는가!

오직 위로해 주실 분은 주님뿐임을 알기에 마음의 평화가 깨어지지 않고 있다

인생은 순례길이라 했던가?

선교의 순례길에서 울고 웃으며 행복을 맛보았던 일들이 빛바랜 낡은 필름이 되어 지나가고 있다. "죽으면 죽으리라"

는 각오로 걸어온 길, "내가 세상 끝날까지 항상 너희와 함께 있으리라"는 말씀을 붙들고, 한번도 외국에 가 보지 않은 우리가 선교사가 되어 선교지로 향했던 발걸음!

축복의 기도로 출발한 첫길이었지만 두려움과 불안감이 교차된 마음에는 설렘과 기대감도 가득했었다. 눈물을 훔치며 그리운 가족들을 뒤로하고 처음 탄 것은 인도네시아 자카르타행 비행기였다. 비행기에 몸을 싣자마자 자리에 앉아 기도했던 일이 기억난다. 한참 후 마음의 여유를 찾고 주위를 둘러보니 군데군데 빈자리가 보이고 모두 여유로운 표정이었다.

일곱 시간의 긴 비행 끝에 자카르타 공항에 내렸다. 습한 공기와 더운 열기, 코를 찌르는 퀴퀴하고 독한 냄새에 '아 이제 죽었구나!'라는 느낌이 강하게 왔었다.

아무도 알지 못하는 타국 생활은 이렇게 시작되었다. 때로는 선교비가 몇 달째 오지 않아 비상금을 야금야금 갉아 먹으며 생활하다 보니 돈도 식품도 동이 나서 힘든 시간을 보내고 있을 때, 식품 사업을 하시는 집사님 한 분이 어려운 형편을 듣고 도움을 주셨다. 엘리야가 까마귀를 통해 먹을 것을 공급받던 일을 경험하니 두려움이 사라졌다.

한 살배기 아들이 열병이 나서 어찌할 줄 모르고 있을 때 병원에 갈 수 있도록 도움의 손길을 주신 따뜻한 이들, 온 가족이 풍토병인 열병에 걸려 먹지 못하고 어지럼증과 구토와 몸살이 나서 힘겹게 아픔의 고통과 싸워야 했던 시간들, 생활환경과 물이 달라 알레르기와 설사와 변비로 고생했던 고통의 시간들, 현지인에게 속아서 마음고생했던 수많은 일들, 고향에 대한 그리움으로 외로움과의 싸움을 이겨내야 했던 처절한 시간들, 한국 음식이 먹고 싶어 귀하게 얻은 식품을 아껴 먹다가 곰팡이와 벌레가 생겨 그 아까운 음식들을 버렸던 일들….

그런 중에 부모님께서 아이들이 먹을 과자와 라면과 학습지를 보내주신 일, 한 달치 신문을 모아서 보내주신 일, 믿음의 현지인들에게 위로를 받고 현지어를 배우고 한 민족의 귀한 영혼들을 알아갔던 소중한 시간들, 크리스마스 카드를 수백 통 넘게 받은 일들, 추석이 되면 김과 미역 멸치 등 귀한 식품들을 보내주신 성도님들의 따뜻한 손길이 있었다. 함께 울고 웃고 행복을 맛본 순간들이 있었음을 생각할 때, 피곤하고 지칠 때마다 품어 주시고 위로해 주신 신실하신 주님이 계셨기에 긴 선교 여정을 담대하게, 용기를 잃지 않고 걸어올 수 있었다.

주님은 인도네시아에 이어, 한국의 본부 사역을 거쳐 마지막 선교 현장이라고 여겨지는 러시아에 우리를 옮겨 심으셨다.

이곳 러시아는 인도네시아와 문화, 종교, 언어, 기후, 삶의 모습이 정반대 상황이다. 누군가는 우리를 보고 열탕인도네시아에 갔다가 온탕한국 본부 사역, 그리고 냉탕러시아으로 인도받았으니 건강할 것이라고 했다.

마지막 선교의 여정을 감당할 힘과 은혜를 부어 주시기를 기도하고 있다.

얼마 전에는 카자흐스탄에서 모이는 선교사들 모임에 남편을 말씀 증거자로 세워 주셔서 선교사들과 은혜를 나누었다. 선교사들과 소중한 만남 속에서, 올해가 선교 30년이 되는 해라고 했더니 후배 선교사들이 이 작은 이야기를 흘려듣지 않고 케이크를 준비하여 '번개탄 축하'를 해 주었다. 그들은 한국어, 영어, 카자흐스탄, 키르키즈, 우즈베키스탄 언어로 축하 노래를 불러 주었다. 이렇게 다양한 언어로 축하 노래를 받기는 처음이었다. 얼마나 감격했는지!

주님 안에서 믿음의 동역자요 한 지체임을 실감케 하는 위로와 감동의 물결이 넘친 복된 날이었다.

이어 서울 승동교회의 전교인 여름수련회 강사로 남편이 초대받았다. 30년간의 선교 여정을 돌아보고 마음을 재정비하는 위로의 잔치를 베풀어 주셨다. 예약된 호텔 방에 들어서니 준비해 놓은 와이셔츠, 넥타이, 속옷과 양말, 과일, 음료수, 샴푸, 린스, 치약, 칫솔, 면도기 등 일체가 완벽하게 준비되어 있었다. 최고의 접대와 환영에 감탄과 감사로 가슴이 먹먹했다. 처음 경험해 보는 행복이었다.

선교지에서 먹고 싶어도 먹어 보지 못했던, 그리도 먹고 싶었던 고향의 맛-열무국수, 메밀전, 민어 매운탕, 춘천 닭갈비, 맛깔 나는 밑반찬들-으로 우리를 행복하게 해 주시기 위해 인터넷으로 음식점을 찾으셨다는 장로님과 섬겨 주신 목사님 내외분께 감사를 드린다.

3박 4일 수련회 동안 여덟 번 말씀을 증거하는 중에 생생한 경험에서 나온 선교 현장이야기는, 감격의 눈물을 훔치며 듣는 은혜의 잔치였다.

선교 30년을 되돌아 본 시간!

앞으로의 선교를 꿈꾸어 본 시간!

하나님의 위로는 완벽하였다.

〈생명나무〉 2014년 10월호

첫사랑

먼 산이 나를 보고 웃는다.
나를 아는 듯 고개를 살며시 내밀고 나를 부른다.
어느새 흰 구름이 찾아와 산을 감싸고 있다.
창공을 나는 새들의 지저귐, 개 짖는 소리, 닭 울음소리, 코란 읽는 소리에 새벽은 깨고 산도 기지개를 켜고 긴 하품을 하며 아침을 맞는다.

산중턱을 가득 메운 구름 속에 우뚝 선 와길 산인도네시아 자바 말랑 지역에 있는 산은 나에게 첫사랑의 인연을 맺게 해 준 내 마음의 산이다.

주님이 내 마음에 찾아오신 것처럼 확 트인 하늘 아래 내 고향 산천과 흡사한 시골 내음이 물씬 풍기는 와길은 나와 맑은 영혼들을 만나게 한 나의 벗, 나의 친구다.

와길 산과 만남은 나의 옛 시간으로 거슬러 올라간다.
선교의 불모지 인도네시아를 알게 된 것은 바로 이때부터이다.

복음 들고 인도네시아로 가지 않겠느냐는 남편의 권유에 나는 "죽으러 갑시다"라고 답했다.

주께서 가라면 가고, 서라면 서고, 침묵하라면 침묵하겠다는 각오로 선 순종 그 자체였다.

선교의 꿈은 모교인 거창고등학교 시절부터 심어 왔는지 모르겠다. 그렇지 않고는 이런 확신 있는 한마디가 어떻게 나왔을까 나는 지금도 놀랍다.

나는 산을 보고 꿈을 키웠다.

죽으면 죽으리라는 각오로 출발한 인도네시아의 첫 발걸음은 화려하게 출발하였다. 하지만 처음부터 고난이었다.

생활비가 오지 않아 당도한 날부터 비상금과 가지고 간 돈으로 생활하기 시작했다.

놀라운 사실은 책갈피를 펼칠 때마다 돈이 나온 것이다. 남편이 책갈피 속에 몰래 몰래 숨겨둔 돈이다. 어찌 이런 일이 일어날 수 있을까? 주님이 이런 일이 일어날 것을 미리 알고 예비해 두셨다고 생각한다.

낙심한 엘리야에게 까마귀가 날아와 많지도 적지도 않게 먹이시고 입히셨다. 모든 것이 지나고 나니 전적인 하나님의 은혜였음을 깨닫는다.

새로운 환경에 적응이 어려워 숱한 병을 안고 살지 않았던가. 지금 생각하면 그 시절을 어떻게 보냈는지 가슴이 시리도록 아파서 기억하고 싶지 않은 일로 내 가슴에 묻어두고 산다.

하지만 와길 산은 나에게 희망을 주었고, 꿈을 잃지 않게 해주었다. 맑은 눈망울이 우리를 기다리고 있었기에 그들과 벗하며 고향처럼 느낄 수 있었다. 그곳에는 웃음이 있었고, 친숙함이, 있는 모습 그대로 겉치레가 없는 자연이었다.

와길 산을 가노라면 풍광이 이채롭다. 우뚝 솟은 야자수 잎 사이로 강렬한 태양이 비집고 들어와 열대의 풍요를 맛보게 한다.

야자수와 바나나나무가 없었다면 열대의 땅은 얼마나 건조했을까 생각해 본다.

열대에 가장 잘 어울리는 야자수는 하늘과 만나면, 환상적이다. 땅거미가 내리고 해가 뉘엿뉘엿 서산을 넘어가는 노을진 풍광과 만나면 야자수는 한 폭의 그림과 같다. 사진 속에 잘 찍힌 노을 속 야자수 풍경을 보고, 젊은이들은 꿈을 먹고 환상을 먹는다.

▲ 인도네시아 계단식 논과 야자수

뜨거운 태양 아래 야자수 물에 얼음과 설탕을 버무려서 마시면 이것이 하늘이 준 생수다.

갑자기 하늘에 먹구름이 몰려온다. 먹구름이 장대비로 변해 폭우가 쏟아진다.

발가벗은 알몸뚱이 소년들이 흙탕물에서 하얀 이빨을 드러내고 물장난을 친다.

햇살에 그을린 엉덩이는 반질반질 윤이 난다.

바나나무 잎에 데굴데굴 구르는 빗소리를 들으며 달리는 꼬마들을 종종 만난다.

강한 비는 잠시 쉬었다가 옆동네로 건너간다. 먹구름이 금방 흰 구름으로 바뀐다.

먼 산 아래 동리가 보이고, 동생을 어깨에 목말 태워 들판에서 누런 소를 끌며 아버지의 일손을 돕는 손이 느리게 지나간다.

누렇게 익은 벼이삭이 고개를 숙이고 바람에 살랑이는 종소리에 고개를 흔들며 지나는 이에게 눈짓을 보낸다.

평화가 찾아온다.

느림의 미학이 존재하는 곳, 이름 없는 들풀이 자연을 아름답게 수놓듯, 이들은 또다시 복음의 씨앗이 되어 사랑의 꽃을 피우리라.

오늘도 나는 다양한 얼굴빛이 공존하는 인간의 숲을 여행한다. 하루해를 접고 해가 넘어가는 순간, 구름도 들판도 그리고 까만 얼굴도 붉게 물들어가는 노을 앞에 나의 마음도 붉게 익어 간다.

묵은 땅

은혜로 살았던 지난날
간 곳 없고
못된 습관이 자리잡아
나를 흔든다.

지금이
쟁기로 묵은 땅 갈 때라
지금이 괭이로 가시덤불 걷어낼 때라

묵은 땅아
성령이 언제 너를 사로잡았느냐?
감사가 언제 너를 이끌었더냐?

묵은 땅아
이제 본질로 돌아가
회개하고 아버지께로 돌아가자.

– 졸시 〈묵은 땅〉

이런 마음을 품고 글을 쓰는 내가 영이 맑은 두 분의 강사를 만나게 되었다. 러시아 선교사영성수련회를 위해 오신 분들이다. 한 분은 익히 잘 알고 있는 분이었지만, 한 분은 처음 만나는 분이다.

추수감사절을 마친 늦은 오후, 두 분을 집으로 초대하여 식사를 하면서 교제를 나누었다. 이번 수련회에 들려주실 메시지가 분명 있음을 깨닫고, 다음 날 수련회를 참석하였다.

가을 빛깔이 무르익은 수련원엔 낙엽들은 지고 맨몸 앙상한 나무들만 자리를 지키고 있다.

첫 강의부터 성령의 이끌림을 받아 영적으로 깨어 있는 삶이 얼마나 중요한지를 강조하셨다. 또한 그런 삶을 살기를 원하고 그렇게 살고 있다고 하셨다.

직감적으로 영적 분별력을 소유한 분임을 깨닫게 되었다. '묵은 땅을 기경하시려고 바윗덩어리 같은 자아를 깨뜨리시려고 영성 깊은 목사님을 만나게 하셨구나!' 생각하니 감사가 절로 나왔다.

더 많이 깨어지고 부서지고 무너져서 마음밭을 성령으로 기경하고 싶은 간절함이 있었기에, 귀한 시간이 나에게 허락된 것이다.

묵은 땅을 기경하기 위해 봇물처럼 내리는 성령님의 음성은 가을비처럼 영혼을 적시는 생수가 되었다. 이제는 성령님만 붙들고 진리로만 살아가기로 했다.

　우리를 자유케 하시는 진리를 향해 오늘도 한걸음씩 나아가고 있다. 자갈과 가시덤불 가득 찬 묵은 땅이 온전히 기경되는 그날을 위해 하루하루를 은혜로 살아내려고 몸부림치고 있다.

〈생명나무〉 2013년 12월호

내면의 힘을 해빙하라

곧 3월이 시작되는 달이지만 아직 밖은 깜깜하고, 영하의 날씨다. 그것도 영하 20도라면 놀랄 것이다. 새해 들어 햇살 본 날이 얼마 되지 않는다. 짙은 안개가 깔리고 눈발이 날리고 있다. 러시아의 해빙기는 무척 길어 보인다. 긴 겨울의 여운이 땅을 얼게 하고 사람 마음까지 닫히게 하니 해빙기가 길 수밖에 없다.

하지만 봄은 속히 오리니….

봄의 길목에 서 있는 이들에게 들려주고 싶은 정호승 시인의 〈봄길〉이 생각난다.

봄길

길이 끝나는 곳에서도
길이 있다.
길이 끝나는 곳에서도
길이 되는 사람이 있다.

*스스로 봄길이 되어
끝없이 걸어가는 사람이 있다.
강물은 흐르다가 멈추고
새들은 날아가 돌아오지 않고
하늘과 땅 사이의 모든 꽃잎은 흩어져도
보라
사랑이 끝난 곳에서도
사랑으로 남아 있는 사람이 있다.
스스로 사랑이 되어
한없이 봄길을 걸어가는 사람이 있다.*

봄길을 걷고 싶다. 희망의 봄길을 걷고 싶다.

하지만 봄은 슬픔의 감정이 흘러나온다. 연초록 새싹이 하늘거리는 모습 속에서 슬픔의 감정을 읽어 낸다. 봄이 오기 전 긴 여정의 해빙기를 인내로 살아낸 생명의 고귀함이 묻어 있기에 그런지도 모르겠다. 긴 침묵 속에서 삭이고 보듬어내고 묵묵히 홀로 서 있는 시간이 있어야 했기에, 쓸쓸함을 감내하며 고독을 견디어내야만 하는 묵은 지가 되어야 하기에 더욱이 봄을 맞는 마음은 애처롭고 슬프게 다가오는지도 모른다.

하지만
내일을 위해 준비하는 자,
미래를 위해 묵상하는 자에게,

비전을 품고 인내하는 자에게 봄 속에 묻어 있는 슬픔은 환희와 희망이 된다.

봄은 나를 보는 날보다 남을 보는 시간이다. 속을 보는 날보다 밖을 보게 된다.

하지만 내 눈을 똑바로 뜨고 내가 나를 보고 내 귀를 열어 놓고 내가 나를 듣는 것이 더 나은지도 모른다. 남을 살피느니 차라리 스스로를 살피고, 남에 대해 듣기보다 오히려 스스로에 대해 듣는 것이 더 큰 봄을 맞는 마음이다.

내가 내 마음의 주인이 되지 못하고 마음이 제멋대로 놀러 가면 큰일이다.

그 마음에 헛마음이 들어오면 사물을 옳게 보지 못하고 자꾸만 판단이 흐려진다.

해빙기에 덕지덕지 붙은 마음의 때를 걷어내고 얼룩을 지워내는 일부터 시작하지 않으면, 명상을 하고 침묵을 한다면서 그 속에서 헛생각이나 찾고 있다면, 그것은 마음을 구하려다가 마음을 놓아버리는 것이 된다. 제 마음을 잃고 헤매게 된다.

마음을 가지런히, 생각을 맑게, 외부에 대한 관심을 내려놓고 안으로 돌려, 마음 자락이 가지런해지도록 끝을 모으는 일, 언 마음을 녹이는 해빙기를 맞는 이즈음에 해야 하는 일이다.

새봄!

새 언어로 읽어낼 날이 속히 오도록 마음의 끈을 단단히 매어야겠다.

　　하지만

　　언 마음을 어떻게 해빙할 것인가?

　　언 마음을 무엇으로 녹일 것인가?

　　다짐, 다짐을 해도 이 봄에 큰 숙제로 다가온다.

〈생명나무〉 2014년 3월호

빚진 삶(2)

앞서 "빚진 삶(1)"에서 이미 말한 바와 같이, 경남 거창에서 태어난 나는 호주 선교사가 세운 거창고등학교에 입학하면서 삶에 변화가 오기 시작했다. '먼저 사람이 되어라!', '빛과 소금의 삶을 살아라!', '여호와를 경외하는 것이 지식의 근본이다'는 가르침과 함께 학교생활이 시작되었다. 매일 아침 채플 시간에 힘과 정열을 다해 외치는 교장 선생님의 설교와 훈화는 나의 마음에 새 각오와 결심을 하게 되는 계기가 되었다.

얼마나 설교를 강렬하게 하시는지 선생님은 틀니가 빠지는 줄도 모를 정도였다. 그분은 신념에 가득 찬 분이셨고 학생들에게 도전과 꿈과 비전을 심어 주셨다. 그분의 삶과 훈화는 학생들을 감동시켰고, 특별히 나에게는 복음에 빚진 삶을 사는 선교사가 되어 빚을 갚으며 살고 싶다는 각오를 하게 하신 분이시기도 하다.

나는 어린 시절부터 그림 그리기를 좋아했다. 학교에서뿐만 아니라 경남 지역 사생대회에서는 늘 메달을 거머쥐었다. 이 모든 것이 하나님이 창조하신 자연과 벗하며 지낸 시간을 통해 예술적 감성을 키우게 되었고, 드디어 미술대학을 지망할 정도로 탄탄대로를 걸었다. 유학을 꿈꾸며 준비하는 중에 결혼 이야기가 있었다. 나는 잠시 망설였다. 유학을 갈 것인가? 아니면 결혼을 할 것인가? 부모님 말씀에 순종하는 것이 더 좋은 길이라 여기고 남편을 만나면서 선교에 첫발을 딛게 되었다. 가슴에 품은 예술의 길을 접고 가장 가치 있는 복음을 전하는 사명자로 발걸음을 옮기게 된 것이다. 쉽지 않은 선택이었다.

모든 것을 내려놓고, 죽으면 죽으리라는 각오로 출발한 선교지 인도네시아에서의 삶은 결코 녹록지 않은 시간들이었다. 선교의 걸음은 결심과 각오만으로 되는 것이 아니라 전적인 하나님의 은혜로 되는 것임을 깊이 깨닫게 되었다.

선교의 첫사랑을 품고 인도네시아로 떠났던 시간들과 본국으로 부름받아 9년의 사역을 잘 마무리하고, 또다시 동토의 땅 러시아를 향해 떠나온 지금 우리의 모습을 보고서 내가 걸어갔던 선교의 걸음을, 이제는 조카가 빚진 삶을 갚기 위해 선교사의 삶을 살겠노라 결단하고, 선교사가 되어 A국으로 떠났다. 15년에 걸친 풍요로운 미국생활을 접고, 자비량으로 현지 대학에서 교수 생활을 하며, 그곳의 영혼들을 불쌍히 여기는 마음으로 소그룹과 말씀 인도자로 일하고 있다.

고도가 높은 A국의 산간 지역은 몹시 춥다고 한다. 1960년대 한국의 분위기를 연상시킨다는 그곳에서 동역자 가정들과 어떻게 일할 것인지 의논하며 걷는 선교의 여정에 하나님의 은혜가 넘치기를 소망한다. 아브라함을 갈대아 우르에서 이끌어 내시고 그의 인생의 걸음을 하나님이 이끌어 주셨던 것처럼, 조카의 선교 여정도 걸음걸음마다 주의 인도함이 있기를 기도한다.

우리가 할 수 있는 일이 얼마나 되겠는가?

우리가 해낼 수 있는 능력이 무엇이 있겠는가?

이제 모스크바에도 눈이 오고 시베리아의 세찬 바람이 몰려오기 시작한다.

모든 환경이 인도네시아와는 정반대이지만, 첫사랑을 회복하며 이곳 영혼들을 사랑하는 마음으로 섬긴다. 평생의 삶을 주의 영광을 위해 살겠노라고 다시 각오하며 가장 가치 있는, 영혼을 구원하는 일에 선교사가 되어 빚을 갚아가는 삶을 살고 있다.

4부

겨울 판화

가을 아침

풀벌레 하나
풍덩
햇빛 속으로 빠져들 때
아침의 경계선에서
삶의 무게를 느낀다.

코스모스 허리에도
꽃의 무게는 깨어나
한 계절은 미끄러져 내리고

대지는 둥그런 가슴을 벌려
시간의 뱃살들을 지탱한다.

오갈피나무는
맨몸으로
더욱
황홀한 하늘을 만들고

잎들은
푸른 겉옷을 벗고
갈색 살갗이 타들어가는데
우리는 누구에게로
물들어가는 것일까?

누구의 사랑이
이렇게도
단풍잎에 고인 맑은 이슬처럼
피가 숭숭 배어나도록
뜨거워질 수 있을까?

어머니

이름만 불러도 가슴 벅차오릅니다.
어머니의 가슴은 가나안입니다.
젖과 꿀이 흐르는 가나안
눈물, 사랑, 정서, 가득한 가나안입니다.

척박한 동토 땅에 둥지 틀고
추위와 고난 이겨 가셨던 걸음걸음들….
진정 당신은 좁은 길이셨습니다.

어머니 걸으신 길
외롭고 힘들게 달려오신 복음의 길
말없이 순종하며 따르겠습니다.

어머니
어머니는 나의 영과 육의 생명줄이십니다.
어머니는 영혼 가장 깊은 곳에 당신의 추상화를 그리셨습니다.
어머니의 주님이 내 주님이 되고
어머니의 아버지가 내 아버지가 되시기에
오직 주만 바라보겠습니다.

과거는 미래를 열어가는 거울이라 하시면서
품에 안고 사랑을 이고 가셨던 걸음
자신은 죽고 그리스도가 산 삶이었기에
우리가 주님 안에서 살아가고 있습니다.

어머니
당신의 이름은 영혼을 촉촉하게 하십니다.
주만 바라는 삶이셨기에
당신의 이름에 향기 묻어납니다.

영원한
믿음 하나 일구어 가시려고
땀방울이 핏방울 되기까지 무릎 꿇고 기도하셨던 어머니

진정
우리도 어머니 심장으로
한 알 밀알 되어
오직 주만 따르겠습니다.

겨울 판화

하얀
옥양목 길 걸었던
지난해 걸음
눈밭에 찍힌 발자국처럼
선명한 그리움 되어 남아 있다

한해 물러간
새날
달그락거리며
소꿉장난 같은 그리움
눈송이처럼
팔랑거리며 내려앉는다

깨어지고
부서지고
할퀴고 간 자국들이
겨울 판화 되어 삶의 언저리에 묻어나

칼바람

스쳐갈세라

마음 조아리며 밤을 샌다

걸어갈 길

봄날이기를 기대하면서….

온도

기억에도
온도가 있다.

햇빛 밝은 바닷가
차가운 물살을 가르는
기억들을 버리고

슬픈 마음
아픈 상처 싸매어 주는
따스한 그릇만큼의 온기

기억에도
온도가 있다.

아득한 차창에
에코는 소리 없이 부딪혀
봉선화처럼 불붙은 채 달아나고

고통을 안아주고
피멍 상처 달래며
세워 주고 격려해 주는

겨울 교실
난로 같은 온도가 있다.

둥근 우체통

감정이 잘 발효된
따듯한 마음으로

더 깊게
더 느끼며

받고
건네고
살라고…

우체통이 포옹하는
날카로운 사각의 편지

둥근 이웃 되어
둥글게 깎인 설렘으로
그리움을 띄운다.

아기의 눈

아기의 눈동자
말없는 언어 속에

수억 마리의 소금쟁이들이
헤엄치고 있다.

네 눈망울에
영원한 행복이 걸려 있고
저항할 수 없는
꿈이 걸려 있다.

때론
근심에 눈물어린 호수가
되었다가

그 눈동자 언어 속에
수억 개의 심장이
녹아내리고 있다.

가을 기도

가을 산길
새벽이슬 반짝이며
가을이 깊어가고 있습니다.

이 가을
깊이 있는 사람이 되게 하소서.

자작나무 가지
소망 등 하나 걸어두고
주 바라기로 마음 창 활짝 열어
연약한 자 품어내는 소통의 계절이게 하소서.

그리하여
아버지가 주신 홍시 같은 사랑으로
목마른 영혼
보듬어 내는 깊은 샘이게 하소서.

이 가을

나의 나 된 것은
하나님의 은혜임을 깨달아
감사가
박넝쿨처럼 흘러넘쳐

은혜의 강물로
은혜의 강물로 살게 하소서.

따뜻한 포옹

사람은 따뜻하게
안아주고 보듬어 주는 것을 원한다.
어린이도 인정받기를
쇠잔해진 늙은 부모님도
품어 주고 위로해 주기를 원한다.

우리는 모두 외롭게 살고 있다.
연인이 아니어도 좋다.

나무든
사람이든
그를 따뜻하게 안아 주어 보라.

몸의 체온이 떨어진
이맘때면
따스한 포옹으로
한 주일의 기운을 얻도록
누군가를 따뜻하게 안아 주어 보라.

이보다
더 큰 행복이 어디 있으랴!

한마디 고백

건축가는
건물을 지어가는 것이 아니라
삶을 지어가는 것이라고

예술가는
그림을 그려가는 것이 아니라
삶을 그려가는 것이라고

시인은
시를 쓰는 것이 아니라
삶을 엮어가는 것이라고

삶에는 리허설이 없다

삶은
지어가고, 그려가고, 엮어가는
한마디 고백만 있을 뿐이다.

진주 목걸이

인도네시아 섬들처럼
끈 풀린 목걸이
진주 하나하나는
바다를 수놓고 있다.

섬은 빛으로 말을 한다.
섬은 파도로 호흡을 한다.

이른 새벽
코란은 소리 높여
나라를 깨운다.

아낙들은 시장터에
쭈그리고 앉아
손가락으로 계산하며
삶을 내어다 판다.

어김없이 떨어지는 빗소리에

꼬마들은 바나나 잎을 쓰고
우두둑~
줄행랑을 치고
누런 물줄기에 뛰어들어
풍덩풍덩
멱을 감는다.

구릿빛 얼굴이
흙탕물 속에서
모두가 하나같이
끈 풀린 진주가 된다.

해설

캔버스에 담은 천국의 노래

윤 춘 식
(문학평론가, 아세아연합신학대학교 선교학 교수)

최성숙 시인이 첫 수필집을 낸다.

최 시인이 중앙문단에 등단할 때 내가 추천의 글을 쓴 적이 있다. 나는 파나마에서 제12차 라틴-미션컨퍼런스를 인도할 때 그의 원고를 받았다. 시인이 수필집을 준비한다는 이메일을 받은 적이 있어서 1년 전부터 알고는 있던 터였다. 나는 이 해설을 코스타리카에서 완성했다. 그의 글을 국경을 넘으면서 다시 읽었다. 시인이 수필집을 낸다니 기대가 되었던 것이다. 잔잔한 감동이 마음속에 일어난다. 그는 러시아 선교사이기도 하니 그의 글이 동서양 글로벌 속에서 싹튼 것임엔 의문의 여지가 없다

그의 부군이헌철 목사, 모스크바장로교회 시무은 거창고등학교 시절부터 나와 친구이다. 고신대학 졸업 동기이기도 하다. 그

는 고신세계선교위원회KPM 본부장을 역임한 바 있다. 최성숙 시인은 이제 처녀수필집으로 세계에 흩어져 있던 독자들 앞에 첫선을 내보인다. 우리 함께 그의 첫발을 신뢰하며 따라가 보자.

1. 지상에서 그리는 천국의 모습 : 천국은 꿈의 실체이다

그는 자신의 세계를 그림으로 그리는 작가이다. 다시 말하면 천국의 모습을 땅에서 그려내는 꿈꾸는 화가이다. 천국은 보는 이의 시각에 따라 그 묘사가 다채로울 수 있다. 그는 주께서 주시는 글쓰기의 달란트를 땅에 묻어 두지 않고 하늘을 향해 꾸준히 증진했다. 그리하여 그림을 그리듯 자신의 세계를 캔버스 위에 수놓는다.

언젠가 낙엽을 채집하여 노랑과 빨강 그리고 조화로운 갈색으로 변신한 나뭇잎을 부드럽게 코팅하여 MK선교사 자녀들에게 보내주었다. 나의 두 자녀들도 그의 편지가 든 컬러 봉투를 받고서 즐거워했던 천진한 모습이 기억에 새로워진다. 아이들이 생일을 맞으면 으레 한국의 가을 낙엽을 받곤 했다. 거기엔 유명 시구나 단장된 말씀 한 구절이 들어 있었다. KPM 소속 모든 선교사 자녀들이 이 기쁨을 기억할 것이다.

    그는 빈집에서도 천국을 꿈꾸며 그리길 소원한다. 소외되고 아픈 마음을 가진 이들에게 다가간다. 어디서나 집은 천국의 작은 표상이다. 사실 천국은 집에서부터 출발한다. 집 없는 천국은 실체 없는 신비주의와도 같다. 최성숙 시인은 현대인의 집을 소재로 하여 회화적인 글을 완성시키는 귀재이다.
                                                                     – 〈빈 둥지〉에서

    특히 렘브란트를 지켜보는 그의 예지와 감상력은 경이롭기까지 하다. 그는 〈나사로의 부활〉에서 어두움의 배경을 발견하며 빛의 세계로 이동하면서 크리스천의 신앙 철학을 어둠과 빛에서 발견하고 있지 않은가? 뿐만 아니라 자작나무 숲을 향한 가장 러시아적인 안목으로써 렘브란트를 향해 어두움의 그림에서 천국을 훔친 화가라고 대견스럽게 표현한다.
                                                          – 〈천국을 훔친 화가들〉에서

2. 자연과의 첫사랑을 일반 은총으로 노래하다

    그에게 비쳐진 자연은 그저 황홀하기만 한 정체된 정물화가 아니다. 20년 이상 삶의 황금기에 아름다운 인도네시아와 볼가강이 직류와 곡류로 흘러가는 러시아 선교지를 섭렵하였다. 이는 만물의 영장으로서 볼 만한 자연 세계를 그의 눈동자 안에 담은 작가라고도 지칭할 수 있다. 고향인 거창에서 시작된 수려한 경관은 그의 감각기관을 최대한 발휘하여 마침내 첫사랑을 경험하기에 이른다. 이성에게서 첫사랑을 찾지 않음은 마음속에 꿈꾸는 진실한 사랑을 자연에서 찾고자 하는 시인의 내면세계를 대변해 준다. 그는 자신의 구원이 특별한 은총에서 시작된 것이라면, 생애의 통과의례와 같은 첫사랑은 일반 은총임을 시사하고 있다. 이는 최 시인의 예술 세계가 자연에 근거하고 있음을 보여주는 주요한 대목이다.

산 중턱을 가득 메운 구름 속에 우뚝 선 와길 산인도네시아 자바 말랑 지역에 있는 산은 나에게 첫사랑의 인연을 맺게 해 준 내 마음의 산이다. 주님이 내 마음에 찾아오신 것처럼 확 트인 하늘 아래 내 고향 산천과 흡사한 시골 내음이 물씬 풍기는 와길은 나에게 맑은 영혼들을 만나게 한 나의 벗, 나의 친구다. 와길 산과의 만남은 나의 옛 시간으로 거슬러 올라간다.

— 〈첫사랑〉 부분

그에게 첫사랑은 늦게 찾아온 셈이다. 그의 글을 읽는 이에겐 첫사랑의 모습이 다채롭다.

최성숙의 자연 사랑은 그의 고향 의식에서도 찾아볼 수 있다. – 〈고향 잃은 사람들〉에서

3. 새로운 언어를 찾는 시인의 에스프리Esprit – 프랑스어로 마음, 정신, 기지, 재치를 뜻하는 말

최성숙 시인의 글쓰기의 진가는 여기에 있지 않을까? 그의 개성으로서의 에스프리는 그의 내면의 정신과 기도에 있다고 본다. 그의 글쓰기는 화가적인 면모로써 캔버스에서 시작하여 그림을 그리는 것 같으면서도 실은 교회 공동체의 사모로서 그리고 현재 선교사로서의 사명 곧 열정에서 비롯된다. 교회의 사모로서 한발 늦음과 파송받은 선교사로서 한발 앞서야 함이 글쓰기의 내면적 균형을 이루고 있다. 열정과 겸손은 사모로서 선교사로서 놓쳐서는 안 될 소중한 덕목이다. 한쪽은 비워 두어야 하고 다른 한쪽은 채워 두어야 한다. 비움과 채움에 관해서 아무도 정답을 제시할 순 없으나 독자들은 사모로서의 전통적인 정숙함과 선교사로서의 첨단적 사고를 양보할 수 없는 일이다. 마치 시계추의 진동과도 같이 그 오르내림과 좌우의 움직임이 민첩해야 함에는 변함이 없을 것이다.
– 〈사모님은 무엇 하는 사람이에요?〉에서

그의 또 다른 에스프리는 현실 사역의 공명 작용에 있다.

그의 기도의 메시지는 읽는 이의 마음의 울림으로 감사의 기도를 손꼽는다. 기도는 신불신간에 마음과 정성과 몸을 내어주는 가치 있는 노동이다.   - 〈공명 효과〉에서

그의 글쓰기는 현실 소재를 넘어 꿈의 실체를 실현하는 데 있다. 꿈의 실체와 실현은 동전의 양면처럼 서로 뫼비우스의 띠를 연상시킨다. 현실적으론 영원히 분리된 듯하나 꿈이 실현될 날을 바라보며 꾸준히 다가서는 당참이 존재한다. 꿈의 실천을 위해 한 발자국씩 걷는 걸음이 느릴지는 모르지만, 결코 헛되지 않았음을 간증한다.

그의 간증이 글이 되고 그의 글이 다채로운 유미주의를 이룬다. 이러한 문장의 유미체가 최성숙이 일궈낸 새로운 언어를 찾는 순례자로서의 정점이 된다. 그가 꿈의 실체를 보기까지 부단한 노력은 마침내 화가가 되는 길이었다. 그는 30년 이전에 지녔던 꿈을 이룬다. 그가 섬기고 있는 모스크바장로교회는 교회당으로 등록되어 있지 않고 문화센터로 되어 있기에 교회 유지를 위해 매주 토요일에 문화교실을 열어야만 한단다. 교회 존립을 위한 의무조항으로 통한다.

교회에서 문화교실을 시작한 지 3회째 되면서 교인들은 다양한 재능을 기부한다. 그는 그림 지도를 맡아 어떻게 지도할

까를 고민할 정도로 행복하다. 본 수필집의 간행도 이와 맥을 같이 하고 있다. — 〈꿈꾸는 계절〉에서

▶시에 대한 감상 - 두 편의 시에 대해

최성숙 문학에 담겨진 계절은 주로 봄과 가을로 물들어 있다. 봄은 수필로 통하고 가을은 시로 읊조리는 정겨운 시인이다. 〈가을 아침〉은 가을 아침에 문득 풀벌레와 햇빛, 코스모스와 오갈피나무를 제재로 노래하길 원한다. 마침내 갈잎은 살갖이 타들어가며 피가 숭숭 배어나도록 뜨거운 그리스도의 피를 상징하는 붉은 낙엽의 과정을 그리고 있다

시 〈어머니〉에선 젖과 꿀이 흐르는 가나안 땅을 어머니의 품으로 환치시킨다. 거기 어머니의 나라는 러시아(동토)의 땅에서 눈물과 사랑과 좁은 길의 정서가 가득한 추위를 극복하고 가나안을 향한 노정을 연출한다. 어머니에겐 삶의 땀과 향기가 충일하고 기도와 밀알의 모습이 배어 있다. 그는 어머니의 심장으로 한 알의 밀알이 되기를 주저하지 않는다. 그의 시엔 고국을 떠나 타국에서 사역하는 그리스도의 제자로서의 비장함이 숨 쉰다. 동시에 독실한 크리스쳐니티 신앙고백을 엿볼 수 있다. 본 수필집 다음엔 그가 못 다한 미션의

시집 한 권이 나오길 여기 코스타리카의 해거름 녘에 고즈넉이 기대해 본다.

| 최성숙 수필집 |

봄강가에 음악이 흐르면

초판 발행일 | 2017년 7월 10일

지은이 | 최성숙
펴낸이 | 임만호
펴낸곳 | 창조문예사

등 록 | 제16-2770호(2002. 7. 23)
주 소 | 서울 강남구 선릉로 112길 36 (삼성동, 창조빌딩 2F)(우: 06097)
전 화 | 02) 544-3468~9
F A X | 02) 511-3920
E-mail | holybooks@naver.com

책임편집 | 임영주
디자인 | 이선애
제 작 | 임성암
관 리 | 양영주

Printed in Korea
ISBN 979-11-86545-38-6 03810

정가 10,000원

※ 잘못된 책은 교환하여 드립니다.